海上絲綢之路基本文獻叢書

中日外交史
緬甸紀略

陳博文 撰／〔清〕馮光熊 撰

文物出版社

圖書在版編目（CIP）數據

中日外交史 / 陳博文撰． 緬甸紀略 / （清）馮光熊撰． -- 北京 ： 文物出版社， 2022.6
（海上絲綢之路基本文獻叢書）
ISBN 978-7-5010-7510-2

Ⅰ．①中… ②緬… Ⅱ．①陳… ②馮… Ⅲ．①外交史－史料－中國②中日關係－國際關係史③中外關係－國際關係史－緬甸 Ⅳ．①D829

中國版本圖書館 CIP 數據核字（2022）第 065689 號

海上絲綢之路基本文獻叢書

中日外交史・緬甸紀略

著　　者：陳博文　〔清〕馮光熊
策　　划：盛世博閱（北京）文化有限責任公司

封面設計：鞏榮彪
責任編輯：劉永海
責任印製：張　麗

出版發行：文物出版社
社　　址：北京市東城區東直門内北小街 2 號樓
郵　　編：100007
網　　址：http://www.wenwu.com
郵　　箱：web@wenwu.com
經　　銷：新華書店
印　　刷：北京旺都印務有限公司
開　　本：787mm×1092mm　1/16
印　　張：13.875
版　　次：2022 年 6 月第 1 版
印　　次：2022 年 6 月第 1 次印刷
書　　號：ISBN 978-7-5010-7510-2
定　　價：98.00 圓

總緒

海上絲綢之路，一般意義上是指從秦漢至鴉片戰爭前中國與世界進行政治、經濟、文化交流的海上通道，主要分爲經由黄海、東海的海路最終抵達日本列島及朝鮮半島的東海航綫和以徐聞、合浦、廣州、泉州爲起點通往東南亞及印度洋地區的南海航綫。

在中國古代文獻中，最早、最詳細記載『海上絲綢之路』航綫的是東漢班固的《漢書・地理志》，詳細記載了西漢黄門譯長率領應募者入海『齎黄金雜繒而往』之事，書中所出現的地理記載與東南亞地區相關，并與實際的地理狀况基本相符。

東漢後，中國進入魏晉南北朝長達三百多年的分裂割據時期，絲路上的交往也走向低谷。這一時期的絲路交往，以法顯的西行最爲著名。法顯作爲從陸路西行到印度，再由海路回國的第一人，根據親身經歷所寫的《佛國記》（又稱《法顯傳》）一書，詳細介紹了古代中亞和印度、巴基斯坦、斯里蘭卡等地的歷史及風土人情，是瞭解和研究海陸絲綢之路的珍貴歷史資料。

隨着隋唐的統一，中國經濟重心的南移，中國與西方交通以海路爲主，海上絲綢之路進入大發展時期。廣州成爲唐朝最大的海外貿易中心，朝廷設立市舶司，專門管理海外貿易。唐代著名的地理學家賈耽（七三〇～八〇五年）的《皇華四達記》記載了從廣州通往阿拉伯地區的海上交通『廣州通夷道』，詳述了從廣州港出發，經越南、馬來半島、蘇門答臘半島至印度、錫蘭，直至波斯灣沿岸各國的航綫及沿途地區的方位、名稱、島礁、山川、民俗等。譯經大師義净西行求法，將沿途見聞寫成著作《大唐西域求法高僧傳》，詳細記載了海上絲綢之路的發展變化，是我們瞭解絲綢之路不可多得的第一手資料。

宋代的造船技術和航海技術顯著提高，指南針廣泛應用於航海，中國商船的遠航能力大大提升。北宋徐兢的《宣和奉使高麗圖經》詳細記述了船舶製造、海洋地理和往來航綫，是研究宋代海外交通史、中朝友好關係史、中朝經濟文化交流史的重要文獻。南宋趙汝適《諸蕃志》記載，南海有五十三個國家和地區與南宋通商貿易，形成了通往日本、高麗、東南亞、印度、波斯、阿拉伯等地的『海上絲綢之路』。宋代爲了加强商貿往來，於北宋神宗元豐三年（一〇八〇年）頒佈了中國歷史上第一部海洋貿易管理條例《廣州市舶條法》，并稱爲宋代貿易管理的制度範本。

元朝在經濟上採用重商主義政策，鼓勵海外貿易，中國與歐洲的聯繫與交往非常頻繁，其中馬可•波羅、伊本•白圖泰等歐洲旅行家來到中國，留下了大量的旅行記，記録元代海上絲綢之路的盛况。元代的汪大淵兩次出海，撰寫出《島夷志略》一書，記録了二百多個國名和地名，其中不少首次見於中國著録，涉及的地理範圍東至菲律賓群島，西至非洲。這些都反映了元朝時中西經濟文化交流的豐富内容。

明、清政府先後多次實施海禁政策，海上絲綢之路的貿易逐漸衰落。但是從明永樂三年至明宣德八年的二十八年裏，鄭和率船隊七下西洋，先後到達的國家多達三十多個，在進行經貿交流的同時，也極大地促進了中外文化的交流，這些都詳見於《西洋蕃國志》《星槎勝覽》《瀛涯勝覽》等典籍中。

關於海上絲綢之路的文獻記述，除上述官員、學者、求法或傳教高僧以及旅行者的著作外，自《漢書》之後，歷代正史大都列有《地理志》《四夷傳》《西域傳》《外國傳》《蠻夷傳》《屬國傳》等篇章，加上唐宋以來衆多的典制類文獻、地方史志文獻，集中反映了歷代王朝對於周邊部族、政權以及西方世界的認識，都是關於海上絲綢之路的原始史料性文獻。

海上絲綢之路概念的形成，經歷了一個演變的過程。十九世紀七十年代德國地理學家費迪南·馮·李希霍芬（Ferdinad Von Richthofen，一八三三～一九〇五），在其《中國：親身旅行和研究成果》第三卷中首次把輸出中國絲綢的東西陸路稱爲『絲綢之路』。有『歐洲漢學泰斗』之稱的法國漢學家沙畹（Édouard Chavannes，一八六五～一九一八），在其一九〇三年著作的《西突厥史料》中提出『絲路有海陸兩道』，蘊涵了海上絲綢之路最初提法。迄今發現最早正式提出『海上絲綢之路』一詞的是日本考古學家三杉隆敏，他在一九六七年出版《中國瓷器之旅：探索海上的絲綢之路》中首次使用『海上絲綢之路』一詞；一九七九年三杉隆敏又出版了《海上絲綢之路》一書，其立意和出發點局限在東西方之間的陶瓷貿易與交流史。

二十世紀八十年代以來，在海外交通史研究中，『海上絲綢之路』一詞逐漸成爲中外學術界廣泛接受的概念。根據姚楠等人研究，饒宗頤先生是華人中最早提出『海上絲綢之路』的人，他的《海道之絲路與昆侖舶》正式提出『海上絲路』的稱謂。選堂先生評價海上絲綢之路是外交、貿易和文化交流作用的通道。此後，大陸學者馮蔚然在一九七八年編寫的《航運史話》中，使用『海上絲綢之路』一詞，這是迄今學界查到的中國大陸最早使用『海上絲綢之路』的人，更多地限於航海活動領域的考察。一九八〇年北京大學陳炎教授提出『海上絲綢之路』研究，并於一九八一年發表《略論海上絲綢之路》一文。他對海上絲綢之路的理解超越以往，且帶有濃厚的愛國主義思想。陳炎教授之後，從事研究海上絲綢之路的學者越來越多，尤其沿海港口城市向聯合國申請海上絲綢之路非物質文化遺産活動，將海上絲綢之路研究推向新高潮。另外，國家把建設『絲綢之路經濟帶』和『二十一世紀海上絲綢之路』作爲對外發展方針，將這一學術課題提升爲國家願景的高度，使海上絲綢之路形成超越學術進入政經層面的熱潮。

與海上絲綢之路學的萬千氣象相對應，海上絲綢之路文獻的整理工作仍顯滯後，遠遠跟不上突飛猛進的研究進展。二〇一八年厦門大學、中山大學等單位聯合發起『海上絲綢之路文獻集成』專案，尚在醖釀當中。我們不揣淺陋，深入調查，廣泛搜集，將有關海上絲綢之路的原始史料文獻和研究文獻，分爲風俗物産、雜史筆記、海防海事、典章檔案等六個類別，彙編成《海上絲綢之路歷史文化叢書》，於二〇二〇年影印出版。此輯面市以來，深受各大圖書館及相關研究者好評。爲讓更多的讀者親近古籍文獻，我們遴選出前編中的菁華，彙編成《海上絲綢之路基本文獻叢書》，以單行本影印出版，以饗讀者，以期爲讀者展現出一幅幅中外經濟文化交流的精美畫卷，爲海上絲綢之路的研究提供歷史借鑒，爲『二十一世紀海上絲綢之路』倡議構想的實踐做好歷史的詮釋和注脚，從而達到『以史爲鑒』『古爲今用』的目的。

凡例

一、本編注重史料的珍稀性，從《海上絲綢之路歷史文化叢書》中遴選出菁華，擬出版百册單行本。

二、本編所選之文獻，其編纂的年代下限至一九四九年。

三、本編排序無嚴格定式，所選之文獻篇幅以二百餘頁爲宜，以便讀者閱讀使用。

四、本編所選文獻，每種前皆注明版本、著者。

五、本編文獻皆爲影印，原始文本掃描之後經過修復處理，仍存原式，少數文獻由於原始底本欠佳，略有模糊之處，不影響閲讀使用。

六、本編原始底本非一時一地之出版物，原書裝幀、開本多有不同，本書彙編之後，統一爲十六開右翻本。

目録

中日外交史

中日外交史

陳博文 撰

民國十七年商務印書館排印本

目次

中日外交史

第一章　元明以前之中日外交

一　中日交通之起源

中日關係之發生，遠在古代。武王滅殷，封箕子於朝鮮，朝鮮即入於中國之版圖。日本與朝鮮僅隔一對馬海峽。故其時中國人定有自朝鮮以渡日，而日本人亦必有經朝鮮以來華者；惟年代久遠，無史可徵耳。

至中國人通日本，最先見於史傳者，爲秦之徐市（或稱徐福）。史紀秦始皇本紀云：『……

……二十八年……齊人徐市等上書言海中有神山，名曰蓬萊，方丈，瀛洲，仙人居之，請得齋戒與童男女求之，於是遣徐市發童男女數千人入海求仙人。……』所謂海中神山，即日本也。日本史中，載徐福抵日事甚詳，且有徐福墓及徐福祠等足以證明。

後漢光武中元元年（西紀五十六年，）日本遣使來朝，帝以印綬賜之；此爲日本正式遣使來朝之始。嗣後經魏，晉，齊，梁數百年間，中日兩國人民來往漸繁；然其中有二事最爲重要，即漢文與佛教之輸入日本是也。

漢文之輸入日本，始於東晉安帝時（日本應神天皇即位後之十五年）先是日本無普通應用之文字，會此歲百濟王遣臣阿直岐至日本貢良馬。阿直岐深通中國經典，天皇即命皇子菟道雅郎子就學焉。而阿直岐又推薦漢人王仁（時爲百濟國博士）爲皇子師，翌年，天皇遂命百濟王徵王仁至日本，王仁獻論語十卷，千字文一卷。其後我國書籍輸入日本漸多，而孔孟之道遂廣於傳播矣。

梁元帝承聖二年（西紀五五三年，）中國人由朝鮮至日本傳佈佛教。初至時，頗爲日人所反對。後經長期之紛爭，迨日本聖德太子執政，信奉佛教者始逐漸增多。自漢文與佛教輸入日本後，對於日本之文化發生重大之影響。

二　隋唐時代

隋煬帝大業四年（西紀六〇八年）日本推古天皇慕隋之威名，特遣小野妹子來聘，並遣學生來遊學。翌年，煬帝遣裴世清伴送歸國。日本覆書內有日出國皇帝致書日入國皇帝之語，煬帝惡其傲慢，置書不答。唐太宗之世，政教修明，德威遠被，日本遣唐使最盛。其使節分執節使，大使，副使，判官，錄事等。執節使由天皇賜節刀，監督大使以下諸隨員，每奉國書方物，求謁天子。當發遣時，日天皇必先祈禱於神，一祈海上平安，一祈唐帝賜拜謁宴饗之榮，以爲例。

日本於遣使來唐時，每選拔當時朝野之俊秀隨同來華留學，故日本留學生之渡唐者頗多。其中以吉備眞備，阿部仲麿二人爲最著名。眞備於元正之靈龜二年渡唐，留學十有九年，研究我國經史諸藝，至天平間返日，授大學博士，任右大臣，曾發明五十音圖傳於世。仲麿年十六到唐，改名朝衡，學成將歸，唐玄宗愛其才，用於朝，官至光祿大夫，與王維李白等相交甚深，留唐五十年而歿。

日本昔無鑄錢之事，後由我國傳入隋之五銖錢，唐之開化錢，方有貨幣鑄造之舉。

唐代法律，最爲完備。日本之大寶法令，係採用我國唐律而成者。是時，日本對於操舟之術尚未精通，渡唐船舶屢有漂沒。故日本自仁明天皇以後，使聘來唐之舉遂絕。歷五十餘年之久，迄宇多天皇之寬平六年（唐末），重任管原道眞爲大使，記長谷雄爲副使入唐朝貢；將起行時，適值在唐日僧返國，報告唐亂，是以中止。此後，使唐之舉遂永絕。

唐代中日邦交雖見親密，然爲朝鮮事，兩國軍隊曾接戰一次。高宗時，百濟恃高麗爲後援，連侵新羅，新羅乞師於唐，唐帝命大將蘇定方伐百濟。自成山進兵，拔其都，降其王，以其地置熊津等五都督府。嗣後，百濟遺將迎降王之弟名扶餘豐由日本歸國，且乞日本援之。天智天皇允可，立即派兵至百濟。高宗龍朔三年（西紀六六三年）唐軍大敗日本援兵於錦江口，百濟乃平。

三　元明時代

日本自廢使唐之舉後，禁止士大夫來渡中國；然其僧侶商賈則仍公然來往。宋神宗時，彼此交通甚盛。南宋以後交通復絕。元世祖統一中原，遣使責日本修臣貢，日本誅其使者，世祖激怒，發大軍合高麗兵共十四萬，戰艦四千艘，攻日本九州，遇颶風，悉被覆沒，遂不再起兵。日本自是知元易與，商民僧侶多密與元通。元既衰，日本浪人不得志於國內者多遠航謀生，結羣爲盜，剽掠我國沿海貨船。倭寇之禍自此起。

元亡明興，倭寇如舊。明太祖數致書日本九州太宰府，責禁海盜，且勸其歸服，日本多不答。太祖大怒，然鑒於元之失敗，卒不起兵，惟斷絕日本之交通而已。成祖之世，日本寶町將軍足利義滿，遣使上書自稱日本國王，願受中國封册稱臣；且欲博中國歡心，因多捕海盜誅之。兩國貿易，一時稱盛。至足利義教，復上書稱臣，奉明正朔。及足利義政時，因本國財政困難，遣使至明，乞中國救助銅錢。斯時，足利氏幕府，恐中國因海盜絕貿易，乃發商券與航海者，於是大收貿易之利。未幾，日本有應仁之亂，國是一變，海盜大起。彼國慓悍商民，屢與海盜於沿海各處大肆掠奪。英宗以後，歷代嚴沿海之防備，日本則以入貢爲名，博商利。此間無倭寇者垂九十年。嘉靖十年，（西紀一五三一年）令絕日本交通，於是倭寇復起。閩浙之奸商流民，且誘導之以助其掠奪。而本國海盜，又多穿倭寇衣服，揭倭寇旗幟，寇掠內地，其勢極爲猖獗。嘉靖三十二年，（西紀一五五三年）中國海盜汪直誘倭寇率艫艨數百，逼黃海沿岸，東南海濱數千里，同時告警。昌國衞以下諸衞，悉被焚掠。三十四年，倭寇一大隊，合閩浙奸民，進攻南京，剽掠其附近，明兵被殺傷者至四千餘人。四十二年，倭寇且陷興化府，略平海衞，賴勇將俞大猷戚繼光屢次激戰，海警始靜。

當斯之時，明廷政教不修，軍備廢弛，奸民引狼入室，故倭寇得以少數人肆其淫威。雖係一時之邊患，然中國人性質之柔弱，已爲日本人所深悉。因此，豐臣秀吉遂有滅朝鮮而侵明之志。先是，豐臣秀吉以萬曆十四年（西紀一五八六年）爲日本大政大臣，統一國內，欲侵明，命朝鮮王爲嚮導，拒之。秀吉怒，先決攻朝鮮之策。萬曆二十年（西紀一五九二年），發陸軍十三萬水師九千攻朝鮮，朝鮮王乞援於明。萬曆二十一年，發大軍往救，被日軍所敗。明廷震駭，請和，遂締約如左：

（1）兩國和親，明主以女妻日皇。

（2）商船仍如舊交易。

（3）朝鮮八道以四道歸日本，其餘四道授於李昭（朝鮮王。）

（4）李昭當以太子或大臣一二人質於日本。

未幾，秀臣破和議，復起兵侵朝鮮，將有乘勝攻明之勢。遇病歿，乃班師。

豐臣秀吉既歿，德川家康代之執政，內修政教，外修鄰好。萬曆三十八年（西紀一六一〇年），德川家康遣本多正純致書福建總督陳子貞，請援足利氏故事，給商劵於商民，求通商，明政府不答。家康下令：『廣東商船之來日本者，無論何處，准其自由貿易。』於是江，浙，閩，廣商人之往日本經商者，遂年增加。日本之長崎，鹿兒島，博多，五島，平戶諸港，多有中國船出入。後德川家光以外國人多犯天主教禁，實行閉關主義，僅許中國人與奉新教之荷蘭人在長崎一港互市。時明祚垂亡，遺臣鄭芝龍父子，數乞援於日本，日本不應。

第二章　清代之中日外交

一　同治十年前之中日關係

清朝定鼎，與日本無正式交涉；然中國商船往長崎互市者如舊，嗣後日本恐大批金錢流出海外，逐漸限制貿易額。康熙二十七年（西紀一六八八年），定中國商船每年七十艘入港。二十九年，增加十艘。三十一年，減爲三十艘。雍正十二年（西紀一七三四年），減爲二十五艘。乾隆四年（西紀一七三九年），減爲二十艘。八年減爲十艘。此後中國對日本之貿易，極爲衰落。至同治六年（西紀一八六七年），日本王政復古，國勢大變。明治政府鑒於中國迭次失敗於英法俄諸國。大啓維新之志，與西洋各國結開市通商條約，中國人亦援例得雜居開市場。時中國已大開海禁，日本亦欲享通商利益。同治九年（明治三年），日本派柳原前光爲正使，花房義質劉永寧爲副使，來我國修好，總理衙門應之。翌年，日本復任伊達宗城爲特命全權大使，來北京，與直隸總督李鴻章締結中日修好通商條約十八款，規定日本得置領事於中國各商港。然條約尚未批准交換，而臺灣生番戕害琉球難民之事件以起。

二　琉球之割讓

琉球羣島，介乎日本與臺灣之間，在福建正東一千七百里之地，本附屬於中國。於明洪武時，琉球國王察度嘗入貢稱臣；太祖加以優禮，册爲藩王。自是奉明正朔，按歲朝貢不缺。其子武寧王以下，歷世皆受明之封册。清順治十一年（西紀一六五四年），世子尚質來朝，繳明故印，請重册封。康熙元年（西紀一六六二年），遣正使張學禮副使王垓，齎詔勅新印往其國，册封尚質爲王，兼定二年入貢之例。是爲清廷册封琉球國王之始。自此每一新王卽位，必來請封。我國亦必遣使賫册往封，視爲成例。故琉球王恭順異常，稱我國爲「父國」。

自琉球臣服中國以後，倚仗大國聲威，對於北鄰日本，意多輕視，遂啓日人仇恨之心。明萬曆三十七年（西紀一六〇九年），日本將軍德川秀忠命島津家久侵琉球，虜尚寧王，隸琉球於薩摩藩監督其財政，且定世子年及十五必須遊鹿兒島之例。自此琉球與日本之關係甚密。及中英鴉片戰爭之後，歐美各國，羣向東洋謀交好。斯時西洋諸國，皆認琉球爲獨立國，直接與琉球開通商談判，美，法，荷三國次第與琉球結通商條約。日本明治政府成立以後，卽以帝國主義爲國是，先定實行統治琉球之方針。適同治十年（西紀一八七一年）琉球人民六十六人航海遇颶風，漂流至台灣。其中五十四人爲生蕃牡丹族所掠殺，僅全十二人，由台灣地方官保護歸國。翌年，鹿兒島知事以此事實報告於本國政府，日廷議論沸騰。時琉球王子往日本賀親政，日廷一方先向琉球行果決處分，以琉球爲藩，封尚泰王爲藩王，列華族，賜藩王邸宅於東京，賜新貨幣三萬圓，派外交官四人駐藩，代辦一切外交事宜。同時照會各國公使，申明琉球已歸日本，將琉球與美，法，荷三國所締條約，改爲日本政府之條約。一方決向台灣出兵，征討生蕃。蓋其時日本外務大臣副島種臣持侵略主義，不僅欲收琉球，且欲奪台灣生蕃地爲己國屬地，恐中國有阻礙，於同治十二年二月種臣奉全權大使命來中國。三月至天津，會直隸總督李鴻章於山西會館，交換前年修好通商條約。四月至北京，向總理衙門提出琉民被害事件，問生蕃是否屬中國版圖。其時總理衙門大臣毛昶熙等不明外交，答以：『琉球係我屬國，其民被害毋勞貴國干涉；且台灣生蕃地政教不及，其殺人刼掠與我國政府無關云云。』此種答覆，顯係自棄主權，貽人以口實。種臣得此答覆，毫不再辯，逕返本國。

副島種臣歸國之後，直報告生蕃非中國版圖，日本遂起侵台灣之師。同治十三年三月（明治七年四月）日本政府命陸軍中將西鄉從道爲台灣事務都督，率海陸軍逕向台灣。全軍由瑯𤩝灣上陸，十八蕃社內之十七社望風降服，獨牡丹社不降。再進軍由竹社，風港，石門三路攻擊，斬酋長阿祿父子以下多人。於是南部十八社悉歸順。風港山後之三十九社，亦次第投降。日軍卽定龜山爲大本營，築寨建屋，爲永久佔領之計。

事急，清政府一面派沈葆楨爲欽差大臣，率精兵萬人入台，以促日軍退出；一面由總理衙門與日使柳原前光交涉，均不得要領。兩國國交日趨危急。日政府忽又派參議大久保利通為全權專使來北京，論生蕃地非中國版圖，自與中國無涉，故日軍無退出之必要。若必須退出，則中國應賠償損失。商議許久，因日使堅求賠償，致兩國邦交殆將斷絕。駐京英使恐中日開戰，有妨礙其遠東商務，出而調停，遂締結中日和約三條如下：

(1.)日本此次征台灣，係保民義舉，中國不認為不是。

(2.)中國賠償撫恤難民銀十萬兩，賠償台灣修道建屋費四十萬兩。

(3.)約束生蕃自後不再加害航民。

此條約第一款，即我國以琉球為日本版圖之默認證據也。日本奪台灣生蕃領域之志雖不得達，而我國已依此暗昧條文斷送琉球矣。當時我國左宗棠曾主張：『寧讓俄人一步於伊犁，不可不出全力制日本於琉球。』惜清廷不從。光緒五年（明治十二年，即西紀一八七九年）日本廢琉球藩為沖繩縣，使藩王上京，另設縣知事統治之。於是琉球遂亡。

三　甲午之戰

甲午之戰起因於朝鮮，故於朝鮮之國情不得不約略先行述及。

朝鮮之臣屬於中國歷史甚久。滿洲之初興也朝鮮以地勢關係，背明歸清。清入關後，世爲不叛之臣。同治初年朝鮮王李熙卽位，其父李是應當國，號大院君，性喜保守，不與各國交通。日本不允，以兵船自由駛入江華島，朝鮮開砲擊之。既而日本遣特使黑田井上詰責江華之砲擊事。大院君因王妃閔氏有幹才，握政柄，裁抑大院君，大院君恆不得志。左議政朴圭壽等遂倡開國議，而閔氏公卿亦多主和平。光緒二年（一八七六年）二月，因謝前事，與日本訂通商條約，有「朝鮮爲自主國」之條，中國罔未之知也。其後西洋諸國，如英，法，俄，俱援日本例通商。時朝鮮多反對開放政策者，而以大院君爲之首。國內遂分兩黨：獨立黨，主維新變法，輸入外國文明，編制新軍，贊成日本人；事大黨，主張守舊，臣事中國。而大院君欲借此推翻閔氏。光緒八年（一八八二年）大院君以鎮兵突入王宮，欲殺閔妃，未獲，遂襲日使館，殺兵官數人。中國遣道員馬建忠，水師提督丁汝昌率兵至朝鮮，執大院君歸。日本已遣軍隊先至，要以誅首謀，出償金，駐軍隊於京城，持護照游歷各地。朝鮮均許之。中國亦遣吳長慶久駐朝鮮。

時朴詠孝等因謝罪至日本，歸謀變法。貴族閔詠駿以外戚主國事，不悅其說，國內又分兩黨：朴詠孝金玉均等爲維新黨。是黨急圖變法，謀挾外援，悉殺閔族高官，而迫王行新政，因乞援於日本使館。日使竹添進一郎出兵，吳長慶助舊黨，卒破維新黨，詠孝等奔日本。日軍護其使臣至濟物浦，是爲甲申之亂，時光緒十年（一八八四年）也。朝鮮具疏至中國告變，朝命吳大澂赴朝鮮籌善後，而日本井上馨責朝鮮償金十二萬元，並增置王京戍兵，朝鮮皆聽命成約。而中日之積怨愈深矣。光緒十一年春，日本遣宮內大臣伊藤博文，農務大臣西鄉從道來津議朝鮮約；清廷派李鴻章爲全權大臣，吳大澂副之，與議定約三款：

（1）兩國屯朝鮮兵各盡撤還。

（2）朝鮮練兵，兩國均可派員爲教練官。

（3）將來兩國如派兵至朝鮮，須互先行文知照。

當時鴻章左右皆不諳國際法，故有此大謬，而訂成公同保護之條約，以至於甲午，遂啓大爭，成中國之巨禍，皆此約成之也。

光緒二十年（卽甲午年）朝鮮東學黨起事。黨魁曰崔時亨，自號偉丈夫，稱兵於全羅道之古阜。朝鮮不能平告急於中國。鴻章派直隸提督葉志超太原總鎮兵聶士成率兵東援，屯牙山縣，並照會日本，蓋據天津條約也。然中國於五月初一發兵，朝鮮於初十日已有亂黨悉平之報。中國兵擬返旆，而日軍則有進無退。中國請其撤兵，屢次交涉，堅執不允。蓋日人以朝鮮請兵中國，皆閔妃所爲，惡其黨執政閔詠駿；以執政親中國，疑朝鮮拒日皆中國駐朝總辦袁世凱所爲，殊怨袁；欲借兵力改革朝鮮內政，去閔妃黨，收其國權，以遏中國，故堅不撤兵。日兵皆據王京要隘，而中國屯牙山兵力甚單薄。世凱屢約志超，電請北洋發艦至仁川，並增馬坡陸軍，以備日本。時鴻章欲據約要日本退兵，日索償金三百萬；朝士大譁，除鴻章外，殆皆主戰。樞臣翁同龢主戰尤力，並力言北洋軍之可恃，乃決備戰。六月二十一日，日使大鳥圭介率兵入王宮，殺衛士，虜王李熙，以大院君主國事，矯王命，流閔詠駿等於惡島，凡朝臣不親日者，皆殺之。世凱自仁川還國，力言於鴻章，述其不能不用兵之故。鴻章至是亦不堅主和，遂出兵，而中日戰開。

開戰後，中國海陸軍皆大敗。清廷疊接警報，知事不可爲。主戰者皆爲氣奪，於是主和派大盛。英美兩國先後調停無效。清廷乃派戶部左侍郎張蔭桓及署湖南巡撫邵友濂爲議和全權大臣赴日本廣島會議。日人以張邵兩使所呈國書，無專對專決之權，拒不納；要求改派有資望而能負條約履行之人爲全權使臣，方肯談判。清廷乃命李鴻章爲頭等全權使臣，鴻章子經芳爲參贊，赴日議和。日則以首相伊藤博文及外相陸奧宗光爲議和大臣，會議於馬關。日本提出休戰條件甚酷，鴻章不允，適有日匪徒槍傷鴻章，各國輿論譁然。日人不得已乃以無條件休戰，開始議和，屢經磋商，始締結馬關條約十一款如下：

(1)中國明認朝鮮國確爲完全無缺之獨立自主國。故凡有虧損獨立自主體制，即如該國向中國所修貢獻典禮等，嗣後全行廢絕。

(2)中國將管理下開地方之權，併將該地方所有堡壘軍器工廠及一切屬公物件永遠讓與日本。

A.下開劃界以內之奉天省南邊地方，從鴨綠江口，溯該江以抵安平河口，又從該河口劃至鳳凰城海城及營口而止，劃成折線，以南地方所有前開各城市邑皆包括在劃界線內該線抵營口之遼河後即順流至海口止，彼此以河中心爲分界，遼東灣東岸及黃海北岸在奉天省所屬諸島嶼亦一併在所讓境內。

B. 台灣全島及所有附屬各島嶼。

C. 澎湖列島，卽英國格林尼次東經百十九度起至百二十度止，及北緯二十三度起，至二十四度之間諸島嶼。

(3) 前款所載及黏附本約之地圖所劃疆界，俟本約批准互換之後，兩國應各選派官員二名以上爲公同劃界委員，就地踏勘確定劃界。若遇本約所訂疆界，於地形或治理所關有礙難不便等情，各該委員等當妥爲參酌更定。各該委員等當從速辦理界務，以期奉委之後，限一年竣事。若遇各該委員等有所更定劃界，兩國政府未經認准以前，應據本約所定劃界爲正。

(4) 中國約將庫平銀二萬萬兩交與日本，作爲賠償軍費。該款分作八次交完。第一次五千萬兩，應在本約批准互換後六個月內交清；第二次五千萬兩，應在本約批准互換後十二個月內交清，餘款平分六次遞年交納，其法列下：第一次平分遞年之款，於兩年內交清；第二次於三年內交清；第三次於四年內交清，第四次於五年內交清，第五次於六年內交清；第六次於七年內交清。其年分均以本約批准互換之後起算。又第一次賠款交清後，未經交完之款應按年加每百抽五之息；但無論何時，將應賠之款或全數或幾分先期交清，均聽中國之便。如從條約批准互換之日起三年之內能全數清還，除將已付利息或兩年半或不及兩年半於應付本銀扣還外，餘仍全數免息。

（5）本約批准互換之後，限二年之內，日本准中國讓與地方人民願遷居讓與地方之外者，任便變賣所有產業，退去界外；但限滿之後，尚未遷徙者，酌宜視爲日本臣民。

又台灣一省，應於本約批准互換後，兩國立即各派大員至台灣，限於本約批准互換後兩個月內交接淸楚。

(6)中日兩國所有約章因此次失和自屬廢絕。中國約自俟本約批准互換之後,速派全權大臣與日本所派全權大臣會同訂立通商行船條約及陸路通商章程,其兩國新訂約章應以中國與泰西各國現行約章爲本。又本約批准互換之日起,新訂約章未經實行之前,所有日本政府官吏臣民及商業工藝行船船隻陸路通商等,與中國最爲優待之國禮遇護視,一律無異。中國約將下開讓與各款,從兩國全權大臣畫押蓋印日起六個月後,方可照辦。

A.現今中國已開通商口岸之外,應准添設下開各處,立爲通商口岸,以便日本臣民往來僑寓,從事商業工藝製作,所有添設口岸,均照向開通商海口或向開內地鎭市章程一體辦理,應得優例及利益等亦當一律享受。

湖北省荊州府沙市。四川省重慶府。江蘇省蘇州府。浙江省杭州府。

日本政府得派遣領事官於前開各口駐紮。

B.日本輪船得駛入下開各口，附搭行客裝運貨物。從湖北省宜昌溯長江以至四川省重慶府。從上海駛進吳淞江及運河以至蘇州府杭州府。中日兩國未經商定行船章程以前，上開各口行船務依外國船隻駛入中國內地水路現行章程照行。

C.日本臣民在中國內地購買貨品及生產物，或將進口商貨運往內地之時，欲暫行存棧，除勿庸輸納稅鈔派徵及一切諸費外，得暫租棧房存貨。

D.日本臣民得在中國通商口岸城邑任便從事各項工藝製造，又得將各項機器任便裝運進口，只交所定進口稅。日本臣民在中國製造一切貨物，其於內地運送稅內地稅鈔課雜派以及在中國內地沾及寄存棧房之益，卽照日本臣民運入中國之貨物一體辦理，至應享優例豁除，亦莫不相同。嗣後如有因以上加讓之事應增章程規條，卽載入本款所稱之行船通商條約內。

(7)日本軍隊現駐中國境內者，應於本約批准互換之後三個月內撤回，但須照次款所定辦理。

(8)中國爲保明認眞實行約內所訂條款，聽允日本軍隊暫行佔守山東省威海衞，又於中國將本約所訂第一第二兩次賠款交清，通商行船約章亦經批准互換之後，中國政府與日本政府確定周全妥善辦法，將通商口岸關稅作爲剩款並息之抵押，日本可允撤回軍隊。倘中國政府不即確定抵押辦法，則未經交清末次賠款之前，日本應不允撤回軍隊，但通商行船約章未經批准互換以前，雖交淸賠款，日本仍不撤回軍隊。

(9)本約批准互換之後，兩國應將是時所有俘虜盡數交還。中國約將日本所還俘虜並不加以虐待，或若置於罪戾。中國約將認爲軍事間諜或被嫌逮繫之日本臣民，即行釋放；併約此次交仗之間，所有關涉日本軍隊之中國臣民，概予寬貸，併飭有司不得擅爲逮繫。

(10)本約批准互換日起，應按兵息戰。

（11）本約奉中國皇帝及日本皇帝批准之後，定於光緒二十一年四月十四日，即明治二十八年五月初八日在烟台互換，爲此兩國全權大臣署名蓋印，以昭信守。

既簽約，鴻章還天津，稱病不入都，而遣伍廷芳齎和約至。當鴻章未出發時，朝命諸臣議和戰及割地議起，朝野大憤，台灣臣民爭尤力，及鴻章成約歸，中外諸臣章奏凡百十上，康有爲等數千人上書尤激昂，朝意頗爲動，命鴻章改議。鴻章以全權簽約，無更改理，慮騰笑萬邦，堅不從。夫和局之成，美國實爲介紹，英人頗陰袒日，而俄法德三國深滋不平。日據遼東，俄引爲大害，三國駐京公使力阻其議。而俄兵艦已紛集日本之長崎及遼海，勢甚張。日俄本不敵，又新戰中國，斷無餘勇以戰俄，乃隱忍還遼東。三國公使告總理衙門，謂遼東地不悉歸，毋批准換約。時朝廷意猶豫，乃命王文韶、劉坤一議決和戰，文韶等謂瀋陽京師兩地所關重大，務策萬全。以直隸言，如提督聶士成、總兵吳宏洛、章高元等軍，均堪一戰；其榆關以迄遼瀋諸軍，未敢臆斷。今勢成孤注，與未議約前不同，乞飭下諸臣熟議。朝意乃決簽約，命道員伍廷芳、聯芳爲換約使，赴煙台換約。日本換約使伊東美文治至煙，謂更易割遼條約，未奉國命，馬關約不可改。俄艦泊煙台十艘，將備戰，伊東恐，電請國命，乃從歸遼議，夜半換約。時王之春，以赴俄弔賀專使歸，道出法京，說法干預和約，以台灣質法，議無成。駐法使龔照瑗，密以電鴻章，鴻章慮破和約，乃電促伊藤博文，遂遽換約。光緒二十一年四月二十五日，命李經芳爲割台灣使，日本以樺山資紀爲台灣總督，於日艦中交割，台民大失望。時日兵尚據遼東，俄，法，德三國，嚴詰退兵，日乃索贖遼東費一億兩，徐減至五千萬兩。八月，三國公使斷爲三千萬兩。日人要贖款償清後三月始撤兵，清朝仍命鴻章與日使林董議還遼約，林董要約四條：(1)償款三千萬兩；(2)俄，法，德永不得佔東三省，中國亦不得割讓；(3)大連灣通商；(4)大東溝，大孤山開商埠。議未定，而三國嚴責日本速撤遼東兵，乃僅償款三千萬兩，定約，互換於京師。和議既定，乃先輸贖遼費三千萬兩。十月，日本撤遼東兵，交還奉天南邊諸城，兵事乃全告終結。

翌年，兩國政府根據馬關條約，各派專員重行商訂通商行船條約，計二十九款，其主要者列下：

(1)日本可任便派一秉權大員駐劄中國北京，中國可任便派一秉權大員駐劄日本東京。兩國所派秉權大員，應照各國公法，得享一切權利並優例，及應豁免利益，均照相待最優之國所派相等大員一體接待享受。

(2)日本可酌視情形，設立總領事副領事及代理領事駐中國已開及日後約開通商各口岸城鎮，各領事等官，中國官員應以相當禮貌接待，並各員應得分位職權，裁判管轄權及優例豁免利益，均照現時或日後相待最優之國相等之官一律享受。中國亦可設立總領事副領事及代理領事駐劄日本現准及日後准別國領事駐劄之處，除管轄在日本之中國人民及財產歸日本衙署審判外，各領事等官應得權利及優例，悉照通例給予相等之官一律享受。

(3)日本臣民准帶家屬僕役等在中國已開及日後約開通商各口岸城鎮來往居住，從事商業工藝製作及別項合例事業。又准其於通商各口任意往返，隨帶貨物家具。凡通商各口岸城鎮，無論現在已定及將來所定外國人居住地界之內，均准賃買房屋租地起造禮拜堂醫院墳塋，其一切優例豁免利益，均照現在及將來給與最優待之國臣民一律無異。

(4)中國現已准作停泊之港如安慶，大通，湖口，武穴，陸溪口，吳淞等處及將來所准停泊之港，均准日本船卸載貨物；客商悉照現行各國通商章程辦理。

(5)日本臣民准聽持照前往中國內地各處游歷。

(6)日本臣民有欲將照章運入中國之貨進售內地，倘願一次納稅以免各子口徵收者則聽自便。如係應完稅之貨，則應照進口稅一半輸納，如係免稅之貨則按值每百兩徵二兩五錢。輸納時領取票據，執持此票內地各征一概豁免。惟運進鴉片烟不在此條之內。

(7)日本商船進中國通商各口，應納船鈔，按註册噸數在一百五十噸以上者每噸納鈔銀四錢，一百五十噸及以下者每噸納鈔銀一錢。

(8)凡各貨物，日本臣民運進中國，或由日本運進中國者，又日本臣民由中國運出口，或由中國運往日本者，均照中國與泰西各國現行各稅則及稅則章程辦理。凡貨物於中國與泰西各國現行稅則及稅則章程之內並無限制禁止進出口明文，亦准任便照運。其運進中國口者；只輸進口稅運出中國口者，只輸出口稅。至日本臣民在中國所輸進出口稅比相待最優之國臣民不得加多，或有殊異。又凡貨物由日本運進中國，或由中國運往日本，其進出口稅亦比相待最優之國臣民運進出口相同貨物現時及日後所輸進出口稅，不得加多，或有殊異。

（9）凡中國官員或人民控告在中國之日本臣民負欠錢債等項或爭在中國財產物件等事，歸日本官員訊斷；凡在中國日本官員或人民控告中國臣民負欠錢債等項，或爭中國人之財產物件等事，歸中國官員訊斷。

（10）日本人在中國犯罪或逃亡負債者潛往中國內地，或潛匿中國臣民房屋或船上，一經日本領事照請，即將該犯交出。中國人在中國犯罪或逃亡負債者，潛匿在中國之日本臣民所住房屋或中國水面日本船上，一經中國官照請日本官，即將該犯交出。

（11）此次所定稅則及此約內關涉通商各條款，日後如有一國再欲重修，由換約之日起以十年為限。期滿後須於六個月之內知照酌量更改。若兩國彼此均未聲明更改，則條款稅則仍照前辦理；復俟十年再行更改，以後均照此限此式辦理。

自此約訂定後，中日兩國重修舊好，開始通商。

中日兩國自結馬關條約後，朝鮮即脫離中國而入日本管轄之範圍。十五年後，（一九一〇年）朝鮮遂為日本所吞併。

四　拳匪之亂

甲午戰爭之結果，影響於我國之國際地位甚大。蓋自此戰後，我國之弱點盡行暴露，致啓各國輕視之心，國際地位，遂一落千丈。戰後不久，俄即據旅順，大連，德佔膠州灣，英據威海衛，法索廣州灣；各國又先後強求鐵路敷設權，礦產採掘權以及他項利益等，不一而足，以致激起一般人民愛國嫉外之思。兼之在內地之天主教宣教師庇護教徒，仇視外教，凡遇教徒與平民爭訟，輒不問是非曲直，不經地方官審判，即顛倒事實，訴於駐北京本國公使，使直接與我總理衙門交涉，不達所求不止。由是一般平民，無不仇視外國宣教師與其教民，積之既久，遂勢成冰炭矣。光緒二十六年（一九〇〇年）拳匪乘機作亂，標扶清滅洋之名，而以殺教士焚教堂爲快，一時風靡數省，禍遂一發不可復收。

「拳匪」又稱「義和團」，白蓮教之餘孽也。初起於山東，以仇教爲名。光緒二十三年（一八九七年）山東曹州教案，與二十五年（一八九九年）沂州教案，皆「拳匪」所爲。時毓賢撫山東，暗與匪合，有詔撤任，而以袁世凱代之。一意主勦，東境以安，餘黨遂竄入直隸境。毓賢方欲立奇功自贖，遽貽書朝貴，謂「拳匪」皆義民，有神術，可利用之以排外。滿族親貴載漪、剛毅等信焉；漢大臣徐桐、趙舒翹等和之。白諸太后，太后以廢立事爲外人所持，頗怨望，因授意令招致京師。王公貴人爭習其術，禍遂蔓延不可遏。光緒二十六年四月間，「拳匪」焚教堂，戕教士，毀鐵路電線，凡物之涉洋式者悉被毀，人之通洋語用洋貨者悉被殺。是時董福祥、李秉衡皆帶兵入都，亂兵與亂民合勢，禍益烈。五月十五日，日本使館書記生杉山彬爲亂兵所殺。同時，「拳匪」焚京城內外各教堂及外人寓所。會剛毅奉旨往涿州調查匪情，歸京力言拳民忠勇可用，廷臣一時多附其議。唯徐用儀，立山，許景澄，聯元，袁昶等均以力爭寃死。於是各國停泊大沽口之軍艦，聞清廷庇護「拳匪」，加殺外人，遂於二十一日攻擊大沽炮台陷之。警報至京，排外派遂決議開戰，榮祿請按國際公法保護各國公使出京，啓秀祇准限二十四小時逼其退出。各公使要求遲緩二天，總理衙門不答。二十四日，德使克林德自往總理衙門有所要求，途中被董福祥之兵殺害。事勢至此，戰局遂難挽回矣。

二十六年五月二十五日，排外派矯詔宣戰；惟東南諸省未遵命，乃聯合自保。清廷命載勛與剛毅統率「拳匪」，聯合官軍共禦外兵。先是英國東洋艦隊司令西摩亞已率英，俄，德，法，日，美，意，奧八國海軍陸戰隊二千五百人由天津出發，進至楊村，後因被董軍與「拳匪」所困，乃決計退天津。五月二十六日，大沽之聯合軍派兵來援，旋於六月一日退還天津租界。

自「拳匪」肇事之後，日政府視爲有機可乘，遂命駐英日使松井與英政府商議。而英政府以日本地位上之便利，贊成其出兵，且願爲之擔負軍費。雖俄德諸國未表同情，然日本則藉英國之請爲名，即派一師團兵向大沽出發。至六月中旬，日本第二次派遣隊，與俄，英，法，美之增援軍漸次抵天津，始依福島司令之計畫，於六月十七日爲天津總攻擊。十八日，天津城遂入聯軍之手。

天津旣陷，聯軍乘勝長驅入京。七月十九日，太后挈帝倉卒奔太原，越日都城陷。聯軍入京，肆威紛擾，官吏之殉節與居民之自殺者，不可勝數，所有國庫民產，均被刼掠一空。於是首都之精華，與歷代相傳之古物，均爲聯軍之戰利品矣！

北京陷落後，清廷乃乞和，命奕劻，李鴻章二人入京，充議和全權大臣，得駐京公使團領袖西班牙公使照會，於十一月初二日與英，俄，德，法，日，意，美，奥，西，比，荷十一國公使開談判於西班牙使館。往返磋商凡數十次，歷時八個月，直至光緒二十七年（一九〇一年）七月二十五日，和約始成，共十二款，此即所謂辛丑條約是也。其要旨如左：

（1）德公使克林德被害事，中國皇帝派醇親王載灃爲頭等專使大臣，赴德國表惋惜之意，並於遇害處所建立牌坊一座，以拉丁，德，漢各文列敍中國皇帝惋惜兇事

之旨

（2）端郡王載漪，輔國公載瀾，加恩發往新疆，永遠監禁，永不減免。莊親王載勛，都察院左都御史英年刑部尙書趙舒翹均定爲賜令自盡。山西巡撫毓賢，禮部尙書啓秀，刑部左侍郎徐承煜均定爲卽行正法。協辦大學士吏部尙書剛毅，大學士徐桐，前四川總督李秉衡均已身故，追奪原官，卽行革職。又兵部尙書徐用儀，戶部尙書立山，吏部左侍郎許景澄，內閣學士兼禮部侍郎銜聯元，太常寺卿袁昶因上年力爭被害，均開復原官，以示昭雪。甘肅提督董福祥革職。上年夏間兇慘案內所有承認獲咎之各外省官員，分別懲辦。

諸國人民遇害被虐之城鎮停止文武各等考試五年。

（3）日本使館書記生杉山彬被害，中國皇帝簡派戶部侍郎那桐爲專使大臣赴日，本表惋惜之意。

（4）外國墳塋被汚瀆及挖掘者，由中國政府給費建立滌垢雪侮之碑。京師一帶每處給一萬兩，外省每處給五千兩。

(5)中國政府允定於二年內，不准將軍火暨專爲製造軍火之各種器料運入中國境內。

(6)中國皇帝允定付諸國償款海關銀四百五十兆兩。此款係照海關銀兩市價易爲金款，此市價按諸國各金錢之價易金如下：海關兩一兩，卽德國三馬克零五五；卽奧國三克勒尼五九五；卽美國圓零七四二；卽法國三佛郎七五；卽英國三先零，卽日本一圓四零七；卽荷蘭國一佛樂林七九六；卽俄國一盧布四一二。此四百五十兆兩，按年加年息四釐，分三十九年攤還。

此欠款一切事宜，均在上海辦理。諸國各派銀行董事一名，會同中國官員，收受中國本息償金。中國政府將償金全數保票一紙，交付駐京諸國公使。此保票以後分作零票，每票上各由中國特派之官員畫押。此節以及發票一切事宜應由以上所述之銀行董事各遵本國飭令而行。

付還保票財源各進款，應每月給銀行董事收存。

所定承擔保票之財源開列於後：（A）新關各進欵，俟前已作爲擔保之借款各本利付給之後餘剩者；又進口貨稅增至切實值百抽五將所增之數加之。所有向例進口免稅各貨除外國運來之米及各雜色糧麵並金銀以及金銀各錢外，均應列入切實值百抽五貨內。（B）所有常關各進欵，在各通商口岸之常關，均歸新關管理。（C）所有鹽政各進項，除歸還前泰西借款一宗外，餘剩一併歸入。

（7）中國政府准依附圖，劃淸各國使館境界，使館區域內，全歸公使管理，不准中國人民居住。且各國爲保護公使館，得置護兵於使館區內。

（8）中國政府應允將大沽礮台及有礙京師至海道之各礮台一律削平。

（9）中國政府應允諸國駐兵於黃村，郎坊，楊村，天津，軍糧城，塘沽，蘆台，唐山，灤州，昌黎，秦王島，山海關等處，以保京師至海通道無斷絕之虞。

（10）中國政府允定於二年內，對於各府廳州縣，頒布下列各上諭：（a）永禁人民或設或入與諸國爲敵之會社，違者皆斬。(b)犯罪之人，如何懲辦之處，均一一載明。(c)諸國人民遇害或被虐之各城鎮停止文武各等考試。(d)各省督撫文武大吏暨有司各官於所屬境內均有保持平安之責；如復滋傷害諸國人民之事，或再有違約之行，必須立時彈壓懲辦，否則該管之員，即行革職，永不敍用。

(11)中國政府應允襄辦改善白河，黃浦江兩水路，其襄辦各節如下：(a)白河改善河道，於一八九八年會同中國開辦，近由諸國派員重修。一俟治理天津事務交還之後，即可由中國政府派員與諸國所派之員會辦，中國政府應付海關銀每年六萬兩以養其工。(b)現時設立之黃浦江河道局，經營整理水路改善事宜，其最初二十年間，每年須海關銀四十六萬兩，中國政府與諸關係國人，按年各分擔其半。

(12)中國政府將總理各國事務衙門，按照諸國酌定，改爲外務部，班列六部之前；又變通諸國欽差大臣覲見禮節。

辛丑條約成，中國無復有完全獨立之主權矣。自是以後，中國問題遂成爲世界外交之焦點，而中國完全入於列強操縱時代；大好河山，淪爲半殖民地，可慨也夫！幸而各國互相牽制，未成瓜分之局。而清廷諸外交當道，惟知於列強股掌間暫寄生活，不思根本圖強，究之前狼後虎，我惟魚肉而已。

五　日俄戰爭與滿洲協約

中俄滿洲二次密約成，遂引起英日同盟。英日同盟既成，俄又聯法以爲抵制，遂激成日俄之大戰。燭天烽火，迫我戶堂，坐令三省同胞，爲人蹂躪，而毫無佈置。戰爭結果，日軍水陸皆勝，因美總統羅斯福之調停，日俄兩國代表遂於一九〇五年（光緒三十一年）九月五日，在美國之朴資茅斯締結和約十五款。和約中關於中日交涉處共兩條，茲錄於下：

第五款　俄國以中國政府之承認，將旅順大連灣及附近領地領水之租借權，與關聯租借權及組成一部之一切特權及讓與，又租借權效力所及地域之一切公共房屋財產，均讓與日本；但在該地域內俄國臣民之財產權，受安全之尊重。

第六款 俄國以中國政府之承認，將長春（寬城子）旅順間之鐵路及其一切支線，幷同地方附屬一切權利特權及財產，與其所經營之一切炭坑無條件讓與日本。

於正約之外，另於附約中規定：『兩締約國爲保護滿洲鐵道，於每吉羅米突得置二十五名之守備兵。』此種規定，遂使東三省門戶洞開，而處處被人駐防矣。朴資茅斯和約成立後，日俄戰爭卽告終局。日政府以日俄和約連帶發生之中日兩國滿洲諸問題，必須從速協定，故不久卽派小村壽太郎來北京，光緒三十一年十一月二十六日，與中國全權大臣慶親王奕劻，瞿鴻機，袁世凱締結中日滿洲善後協約如左：

（1）中國政府將俄國按照日俄和約第五款及第六款允讓日本國之一切，概行允諾。

（2）日本國政府承允按照中俄兩國所訂借地及造路原約實力遵行，嗣後遇事隨時與中國政府妥商釐定。

(3)本條約由簽字蓋印之日起施行，並限二個月內在北京批准交換。

同時又結附約十一款，其要旨如下：

(1)中國政府應允俟日俄兩國軍隊撤退後從速將下開各地方，中國自行開埠通商：奉天省內之鳳凰城，遼陽，新民屯，鐵嶺，通江子，法庫門。吉林省內之長春，吉林，哈爾賓，寧古塔，琿春，三姓。黑龍江省內之齊齊哈爾，海拉爾，愛琿，滿洲里。

(2)如俄國允將滿洲鐵道護路兵撤退，或中俄兩國另有商訂妥善辦法，日本政府允即一律照辦。又如滿洲地方平靖，外國人生命產業中國均能保護周密，日本亦可與俄國將護路兵同時撤退。

(3)日本軍隊一經由東三省某地方撤退，日本政府應隨即將該地名知會中國政府；軍隊撤畢後，則中國政府可得在各該地方酌派軍隊以資維持地方治安。日本軍隊未撤地方，倘有土匪擾害閭閻，中國地方官亦得以派相當兵隊前往剿捕，但不得進距日本駐兵界限二十華里以內。

(4)日本政府允因軍務上所必需曾經在滿洲地方佔領或佔用之中國公私各產業，在撤兵時悉還中國官民接受；其屬無須備用者，卽在撤兵以前亦可交還。

(5)中國政府爲妥行保全在東三省各地陣亡之日本軍隊將兵墳塋以及立有忠魂碑之地，務須竭力設法辦理。

(6)中國政府允將安東奉天間軍用鐵道，仍由日本政府接續經營，改爲專運各國工商貨物。自此路改良竣工之日起（除因運兵回國躭延十二個月不計外，限以二年爲改良竣工之期，）以十五年爲限，卽至光緒四十九年（一九二三年）止。屆期雙方公請一他國公估人，按該路建置各物件估價售與中國。至該路改良辦法，由日本承辦人與中國特派員妥實商議。所有辦理該路事務，中國政府援照東清鐵路合同，派員查察經理。

(7)中日兩國政府爲圖來往輸運均臻興旺便捷起見，妥訂南滿洲與中國各鐵路接聯營業章程。

(8)中國政府允南滿洲鐵路所需各項材料，應豁免一切稅捐釐金。

(9)營口，安東，奉天府各商埠由中日兩國派員劃定日本租界。

(10)中國政府允許設一中日木植公司在鴨綠江右岸地方採伐木植。至該地段廣狹年限多寡暨公司如何設立，並一切合辦章程，應另訂詳細合同，總期中日股東利權均攤。

(11)滿韓交界陸路通商，彼此應按照相待最優國之例辦理。

(12)中日兩國政府允凡本日簽名蓋印之正約暨附約所載各款，遇事均以彼此相待最優之處施行。

以上二約，因日俄戰爭以致我國受其影響者也。在名義上，爲日本代俄國悉有遼東租借地與東清鐵路所獲之一切利益；然試閱附約內所載，則日本於無形中已大擴張其利權於朴資茅斯和約範圍之外，而侵佔我國主權頗巨。安奉鐵路之建築，其最著者也。蓋戰敗之俄國所失不過在中國已得之利益，而中立國之中國，乃無辜受累，所失更巨。事之不平，寧有過於是者乎！

六　第二辰丸事件及南滿問題

日本自得南滿洲之利權以後，即於光緒三十二年（一九〇六年）五月，設立南滿洲鐵道株式會社，其性質與英之東印度會社相同，專以經營滿洲實業爲宗旨。同年七月，又設立關東州都督府，其制度與俄國關東省總督之制度無甚差異，其權力極大，遍及於南滿洲全體。自是以後，日本在南滿之勢力駸駸日上，中日兩國間之紛爭問題，遂因之而次第以起。其重要者，爲鴨綠江伐木問題，撫順煤礦問題，新法鐵道問題，營口支線問題，安奉鐵道問題，新奉吉長兩鐵道借款問題等是也。此諸問題中，惟鴨綠江伐木問題最先解決。其餘各案，俱發生於光緒三十三四兩年間，交涉多次，不得要領，皆成懸案而擱置。未幾，光緒卒，我國政局一變。日本新公使伊集院彥吉乘機提出安奉鐵道問題，談判數次後，即聲言將自由行動，我國無力抗禦各案盡如日本之要求而解決。茲先述第二辰丸事件，後及滿洲諸問題。

（1）第二辰丸事件　光緒三十四年正月初三日日本第二辰丸密載澳門商人購買日商銃器九十四箱彈藥四十箱，由神戶出發直入澳門，冲過路環島東二哩許停碇，將祕密輸至中國內地。廣東礮艦探知以密輸危險物論，捕獲辰丸，卸日本國旗，代以龍旗。日本政府責中國違法，要求賠償謝罪。我外務部以辰丸載違禁物入中國領海，準備卸貨，實有密輸目的，應依稅關規則附共同調查委員會審議。日政府主張辰丸載物係澳門商人所購買；停碇處非中國領海，係葡萄牙領海，與中國無涉，與稅關規則尤無關係。於是日本一方向中國抗議，一方嗾葡國政府乘機擴張澳門之領地。

先是，光緒十三年（一八八七年），我國承認葡國有統治澳門之權；然未劃清界限。至此葡國政府果聽日本之嗾使，向中日二國聲言，辰丸停碇處係葡國領海。日本接此聲言，要挾更厲。中國一方斥葡國之無狀，一方提議辰丸事件，附仲裁裁判解決。日本欲先決領海問題，主張葡國亦加入仲裁裁判。中國不欲，日本遂拒絕仲裁之提議，將取自由行動。中國不得已，悉依日本之要求，於二月十七日派軍艦會同日本領事向辰丸舉禮砲二十一發以謝罪，又賠償扣留期間內之損害處罰官吏並收買其銃器彈藥以結局。一時中國上下皆憤懣，廣東發起排斥日貨之運動。

（2）鴨綠江伐木問題　光緒三十一年所訂中日滿洲善後協約附約第十款，規定設一中日木植公司在鴨綠江右岸地方採伐木植。至光緒三十四年四月十五日，外務部會辦那桐與日使林權助訂立採木公司章程凡十三條，此問題遂解決。條約之重要者如下。

a 自鴨綠江右岸之帽兒山至二十四道溝之間，距江面六十華里內之林木，由兩國合資公司採伐。

b、中日合辦之材木會社，稱爲鴨綠江木植公司。

c、本公司之資本定額三百萬元，中日兩國各出其半。

d、本公司於保全從來之中國木把事業應表同意，故於第一條聲明劃定界內歸本公司採伐。其界外及渾江之森林，則仍歸從來之中國木把採伐。但木把如需資本，可向本公司借入。其採伐之材木，除江浙鐵路公司所需枕木及渾江沿岸居民需用木材，可直接向該木把收買外，其餘悉歸本公司收買，惟公司當照市價給值收買，不得任意壟斷。

e、本公司營業期限定爲二十五年，期滿時中國政府認公司營業如果妥當，准由該公司稟請中國政府核准延長期限。

f、本公司置督辦一人，監督公司經營之事業，由奉天督撫委派東邊道尹兼任。又設理事長二人，經理公司一切業務，由中日兩國各派一人。其他理事技師等，由理事長協議選派。

g、本公司所入之款，除一切費用外，以純益百分之五報効中國政府；其餘利益，歸中日兩國股東均分。

鴨綠江木植公司，名義上雖爲中日合辦，然其實則大權則多操在日人之手。故自此公司成立後，我國鴨綠江上流之森林，悉入日人之掌握矣。

（3）撫順煤礦問題　撫順煤礦，在奉天省之撫順縣，距省城東約八十里，卽千金寨，楊柏堡老虎台一帶炭礦之總稱也。炭田延長三十餘里；炭層之度最厚者百八十尺，最薄者八十尺，平均約百三十尺。炭層中之夾雜物其厚度不過二十尺。炭質之佳，日本各礦無與倫比。清光緒二十七年（一九〇一年）有華商王某翁某承領開採，其後王某羼入華俄道勝銀行股銀六萬兩，翁某以所領礦區併之，名曰華興利煤礦公司。日俄戰役後，（光緒三十三年春），日公使林權助主張：『該煤礦爲東清鐵道之附屬事業，依朴資茅斯條約第六款，與中日滿洲善後協約第一款，應歸日本所有，』向我外務部交涉。外務部以該煤礦在東清鐵道三十里之外，不認爲東清鐵道附屬財產。林權助以『俄國於光緒三十年春，既修炭坑鐵道，中國政府不反對，且以東清鐵道會社所得採掘權之礦山大抵在三十里距離之外』爲辭，相持不下，遂成懸案之一。

（4）間島問題　康熙五十一年（一七一二年），清政府與朝鮮劃定國境於鴨綠江圖們江水源之白頭山上樹立界碑，規定東以土們江（卽圖們江），西以鴨綠江爲兩國國界。然清政府以吉林東部長白山一帶爲發祥之地，禁止人民移居，故該處居戶不多。圖們江中有江通灘，面積不及二千畝，四圍帶水，故以間島呼之。此島向屬吉林管轄，亦在禁令之內，因是更形荒僻，儼同無主地域。同治間，朝鮮咸鏡道人民，以本地饑饉，多渡圖們江，移居間島。光緒九年（一八八三年），吉林將軍銘安令朝鮮人退去，朝鮮政府以界碑之土們江非圖們江相抗辯。我國遂於間島中央設官屯兵，重稅韓民，韓政府向地方官吏交涉無效。日俄戰爭後，朝鮮成爲日本之保護國，日政府竟於光緒三十三年（一九〇七年）七月派兵入間島，公然與中國抗爭主權，並多方引誘本國商人及醜業婦往移之。中國政府大驚，即時向日政府提抗議，日本不答，此事成遂爲懸案之二。

（5）新法鐵道問題　日本經營滿洲以來，實行壟斷政策。營口英商，勸中國政府借英款修築新法鐵道（自新民府至法庫門），且延長至齊齊哈爾，以期開發滿洲商務，且以抵制日本南滿洲之壟斷，此議頗爲我國政府所歡迎。正交涉中，爲日人所聞，日政府以『新法鐵道係南滿鐵道並行線，即南滿鐵道之競爭利益線』，遂根據光緒三十一年十一月二十六日之中日會議錄（申明南滿鐵道附近不修競爭線云），提出抗議。且聲言各國與中國所訂鐵道契約，亦皆有禁築附近競爭線之約。我國政府無如之何，擬提交海牙和平會仲裁，日政府拒絕，遂成爲懸案之三。

(6)營口支線問題　光緒二十五年（一八九九年），中俄東清鐵道會社第一增補條約第四款規定:『爲築造南滿洲鐵道路線（哈爾濱旅順間），使運送一切材料便利起見，中國准該會社得設營口支線，便與諸港聯絡。但南滿鐵道築成之後，由中國政府之要求，得將該支線撤去。』營口支線，既以此條件修築，其後主權歸日本之後，則此性質依然不變。至此我國政府根據條約明文，要求日本撤去該路，日政府不肯踐約。我國無可如何，遂成爲懸案之四。

(7)吉長新奉鐵道借款與吉會鐵道問題　日本欲將遼河以東之鐵道，全行包括於其勢力範圍之內。吉林長春間，新民奉天間之兩鐵道，日公使林權助屢向我外務部要求，即借南滿鐵道會社之資金營造。光緒三十三年（一九〇七年），中國政府派那桐，瞿鴻機，

唐紹儀與日公使林權助締結新奉吉長兩鐵道借款契約如下:

A、中國政府,以新奉鐵道爲自營鐵道,其遼河以東部分所需資金,由南滿鐵道會社借其半額。

B、中國政府,以吉長鐵道爲自營鐵道,其所需資金,亦由南滿鐵道會社借其半額。

C、a、借款期限,新奉鐵道十八年,吉長鐵道二十五年。

b、以遼河以東部分之新奉鐵道,與吉長鐵道之財產及收入,爲借款之擔保;若吉長線延長或添設支線,資金不足時,再由南滿鐵道會社借入。

c、借款本利不能籌還時,卽以上記鐵道及一切財產歸南滿鐵道會社經營。

d、借款期限中,聘日本技師一名,會計一名。該會計對於鐵道會計事務,有佈置監督之權。

e,上記兩鐵道之一切收入,均存留日本銀行。

至光緒三十四年十月十五日,日本派阿部書記官再與我國郵傳部訂立兩鐵道借款續約，規定：『遼河以東之京奉鐵道借日幣三十二萬元；吉長鐵道借日幣二百十五萬元。』於是該兩路之借款問題遂完全解決。然日本得寸進步，貪求無饜，至此更欲將吉長鐵道路線，延長至延吉廳南邊，以與朝鮮之會寧鐵道相聯絡；且欲照吉長鐵道之例由南滿鐵道會社借資金之半建築之。此舉為我國政府所反對，遂成為懸案之五。

（8）安奉鐵道問題　上述諸懸案，皆因安奉鐵道問題之解決而解決。查安奉鐵道築於日俄戰爭時，為便利軍運起見，由鴨綠江左岸之安東縣敷設一狹軌軍用鐵道，直達奉天。迨日俄戰爭告終，自應撤去，或由我國買收。不意日本竟以強硬手段要求清政府載明於中日滿洲善後協約之附約，允許該鐵道改為工商業鐵道，仍歸日本經營，以十五年為限；並規定自此路改良竣工之日起，除因運兵歸國延擱十二個月不計外，限以二年為改良工事之期。是約成於光緒三十一年冬，則着手改良應在三十二年冬。然日本政府竟延至光緒三十四年，尚不向我國提出；及同年冬，我國兩宮崩御，北京政變後，日政府突於宣統元年（一九〇九年）正月提起交涉。時我國新政府成立，對外毫無方針，遂命郵傳部派員與日本委員會勘改良之新路線、多依日本委員預定者勘定。日政府又向我國要求卽行收買勘定路線之地基，清政府卽委東三省總督錫良當談判之任。錫良頗知國家主權，惟每多誤會；不承認兩國所勘定之新路線，祇許按舊路線改築，並要求日本撤退該鐵道之守備兵與警察等、悉爲日領事所拒絕。其後日領事再三逼促，皆不得要領。六月二十一日，日政府忽向我外務部發出最後通牒：『至此日本已不依中國之協力，本於條約上之權利，取自由行動云云。』同時命南滿洲鐵道會社卽行起工，且命海陸軍皆作準備。其勢洶洶，大有以武力解決之勢。於是清廷不得已，仍命錫良會同奉天巡撫程德全悉依日本要求，於宣統元年七月初四日，與駐奉日本總領事小池締結安奉鐵道協約，此事遂告終結。條約之要旨如下：

a、中國承認前次兩國委員勘定之路線；陳相屯至奉天之路線，由兩國再行協議決定。

b、安奉軌道與京奉鐵道同樣。

c、此約調印之日，卽須協議購買土地及一切細目；翌日，卽行急進工事。

d、沿鐵道之中國地方官，對於施行工事，應妥爲照料。

且日本之最後通牒中有云：『限於不妨害該工事，仍應談判，但其他懸案，希望同時以妥協之精神解決之。』蓋日人洞悉我國無實力，必不敢反抗，故欲利用此時機，使滿洲諸懸案皆依其要求而解決也。我國政府果於七月二十日派外務部會辦梁敦彥與日使伊集院彥吉訂立間島協約與滿洲五案協約如左：

(A)間島協約

a、中日兩國協定以圖們江爲中韓兩國國境，其江源地方，以界碑爲起點，依石乙水爲界。

b、中國政府准外國人在龍井村，局子街，頭道溝，百草溝等處居住貿易；日本政府於此等地方得置領事館或領事分館。

c、中國政府仍准朝鮮人民在圖們江北之墾地居住。

d、圖們江墾地居住之朝鮮人民，服從中國之法權，歸中國地方官管轄及裁判。

中國官吏對於此等朝鮮人，與中國人一律待遇。所有納稅及其他一切行政上處分，亦同於中國人。

e、朝鮮人訴訟事件，由中國官吏按中國法律秉公辦理，日本領事或委員可任便到堂聽審。惟人命重案，則須先行知照日領事到堂，如領事能指出不按法律判斷之處，可請中國另派員復審。

f、圖們江北雜居區域內朝鮮人之財產，中國地方官吏視同本國人民財產，一律切實保護。並於該江沿岸，擇地設船，以便彼此人民任便來往；惟無護照公文，不得持械過境。

g、中國政府將來將吉長鐵道延長至延吉南邊界，與朝鮮會寧鐵道相聯絡，其一切辦法，與吉長鐵道同。

h、本約調印後，日本統監府派出所及文武人員，於兩月內完全撤退。

(B)滿洲五案協約

a、中國政府如建築新民屯至法庫門之鐵道時，允與日本政府先行商議。

b、中國政府允日本將大石橋至營口支路，俟南滿鐵道期滿之時，一律交還中國；並允將該支路末端，延長至營口新市街。

c、撫順煙台兩處煤礦，現經中日兩國政府和平商定如左：

甲、中國政府認日本政府有開採上開兩處煤礦之權。

乙、日本政府尊重中國一切主權，並承認該兩處開採之煤觔，及納稅與中國政府；惟該稅率應按照中國他處煤稅最輕之例，另行協定。

丙、中國政府承認對於該兩處煤觔，准他處最輕輸出稅率之例。徵出口稅。

丁、所有礦界及一切詳細章程，另行派員協定。

d、安奉鐵道沿線及南滿鐵道幹路沿線之礦務，除撫順煙台外，應按照光緒三十三年（一九〇七年），即明治四十年，東省督撫與日本駐奉總領事議定大綱，由中日兩國人合辦。所有細則，屆時仍由督撫與日本駐奉總領事商定。

c、京奉鐵道延長至奉天城根一節，日本政府允無異議。其應如何辦法，由該處兩國官吏及專門技師妥爲協定。

吉長新奉兩鐵道借款細目，旋亦依舊約而完全協定。至此所有滿洲諸懸案，悉因安奉鐵道問題將取自由行動之一言，盡如日本之所要求而解決。於是我國之南滿洲遂淪入於日本勢力範圍之下矣。其後又有錦齊鐵道問題，渤海漁權與領海問題，鴨綠江架橋問題，南滿鐵道附屬電線公用問題，日本軍用電線收買問題，及旅順芝罘間海底電線問題等次第發生。錦齊鐵道因日本唆使俄人出爲反抗，未能成立。渤海漁權與領海交涉，我國又失敗。鴨綠江架橋問題，議決依安奉鐵道契約，於十五年後由中國政府出資購還。此約既成，滿韓鐵道遂得實際聯絡，而日本之勢力愈形擴大。南滿鐵道附屬電線，原係俄國架設，無供公用之約，而日本佔爲以供公衆電報之用。雖經我國抗議，然終無效。當日俄戰爭時，日本在南滿洲自由敷設軍用電線，戰局既終，應由我國收買；乃日本爲本國人聯絡便利之故，每設詞反抗，其後中國雖得出資收買，然實際日人仍得自由使用。旅順芝罘間之海底電線，本係俄國敷設，日俄戰時全歸斷絕。至此日本要求依該海底電線，直通芝罘之日本電報局，爲我國所反對，日本再三要求，卒訂定下之條約，即：『該海底電線距芝罘海岸七哩半以內之部分，歸中國所有，依中國電信局上陸，由中國電線局另設一線，使接續該海底電線，以通於芝罘之日本電線局，使日文電信無阻礙。』本問題遂解決。

是時美國忽有『滿洲鐵道中立』之提議，以保持列強機會均等主義。然因英，俄，法與日本一致，遂無人能與提攜，且以促日俄二國之聯合，而有日俄二次之新協約。自是日本之於南滿，孜孜經營，其勢力遂日益膨脹矣。

七　清末之大借款

清末國勢凌夷，內憂外患相逼而來；非謀政治上之改良，實不足以圖存。然因帑藏告罄，籌措無方，遂擬利用外資。列強乘機競起，皆思投資我國，取得債權資格，以便立於主人翁地位。而主人翁地位之高下，則在於債權之多寡，故競爭引誘清廷借款。於是列強對於中國，遂由商務侵略，兵力侵略，一變而進爲完全之經濟侵略矣。宣統二年（一九一〇年）九月二十五日，美國駐京公使與我度支部訂立借款預約七條；美政府並招英、德、法、日諸國參加。英、法、德三國資本家皆欣然加入，惟日本爲避各國牽制，獨不應招。迨十一二月間，清廷以四國新提出財政顧問條件不肯承認，談判遂行停止。日本乃乘機單獨與清郵傳部協定借日款一千萬元，以供償還鐵道借款及政府他部之用。其契約於宣統三年（一九一一年）二月二十四日成立，主要條款如下：

（1）借款總額爲一千萬元，年利五釐，中國實收九百五十萬元。

（2）借款期限爲二十五年，自借款第十一年起，按年還本金六十六萬元。若中國政府不照自借款第十一年還起之法，願於自借受之第二十年爲償還全部或一部時，則百元之債票作爲百二元半兌還；若第二十年後，照債票原額兌還。

（3）本公債以江蘇省折漕庫平銀一百萬兩爲擔保，若定期不能償還本利時，中國政府卽將該折漕銀交付日本正金銀行。又本公債之利息，以京漢鐵道之進款，按六個月一次兌付；若該進款不足之時，中國政府另以確實的款彌補之。

自此項借款成立以後，而四國借款亦急速進行。宣統三年三月十七日，清度支部載澤以改革幣制及開發滿洲爲名，與英、美、德、法四國銀行代表訂立借款一千萬磅之契約；同年四月二十二日，又與四國銀行代表締結粵漢、川漢二路之借款契約。清廷不顧利害，濫借外債，全國輿論沸騰，革命因之以起。未幾中華民國臨時政府成立，清室遂亡。

第三章　五四以前之中日外交

一　善後借款

中華民國臨時政府成立後，政務改組，一切設施，非款不行。民國元年（一九一二年），我國財政當局卽與英美，德，法，日俄六國銀行代表商議大宗借款，六國銀團皆以必得中國財政監督權爲目的，議久不決。日俄二國代表又於巴黎會議席上提議：『借款團以不加危害於日俄之滿蒙特殊利益，則日俄二國加入借款團。』當時各國代表對於此議雖多辯難，然卒完全承認之。而美國總統威爾遜則因此種借款帶有政治作用，禁止本國銀行代表加入。於是六國銀行團又變爲五國銀行團矣。磋商再三，至民國二年夏，始行成立，名爲『中國政府一九一三年善後五釐金幣借款』，總數爲二千五百萬金鎊，以我國鹽稅全部作抵。規定於北京設立鹽務署，由財政總長管轄，鹽務署內設稽核總所，置總辦一員，以華人充之，會辦一員，以外人充之，得享有報告鹽稅收入及發給引票等權利；又在各產鹽地方，設稽核分所，置華經理一員，洋協理一員。所收稅銀，全交於有關係之外國銀行存儲，非有總會辦會同簽字之憑據，不能提用。此借款期限爲四十七年，自第十一年起，卽按期還本。如借款之本利，按期交付，則不得干預鹽政事宜；倘本利屆期拖欠，逾展緩日期後，則應將該鹽政事宜歸入海關管理。關於用途，契約上亦有種種規定。

觀乎上述，可知此次借款條件之酷。舉凡淸廷所不屑爲之用外人稽核鹽務，及用外人審計用途等極慘酷條件，而袁政府一一承認之。當時我國國會議長曾向公使團聲明否認，而南方各省反對尤烈，全國輿論沸騰，遂成爲二次革命之導火線。

二　南京事件

民國二年（一九一三年）秋，南方二次革命軍起事，總統袁世凱命張勳率軍自兗州南下，攻克南京。張氏部卒因日本人多有暗助革命軍，故誤殺日籍商民數人。於是日政府一方由新任公使山座圓向我國政府提出交涉，一方派大隊海軍，即開至南京示威。其提出條件爲：中政府向日政府表謝意，張勳與淩辱日本軍官之隊官皆免職，犯人處罰，死者給撫恤金，等我政府悉承認之。然張勳克復南京，功蹟甚偉，實不易於免職。日政府以再三迫促，不見實行，又適値我國選舉正式大總統之機會，遂向我政府要求下列滿蒙五鐵道之建築權：(1)開原至海龍城；(2)四平街至洮南府；(3)洮南府至熱河；(4)長壽至洮南府；(5)海龍城至吉林。

日政府提出此要求，雖因南京事件解決之不滿足，然其主要原因，則以中國政府欲於十月六日正式大總統選舉後，即求各國之承認，日政府利用此機會，隱示此五鐵道建築權；爲承認民國之交換條件。故我政府接此要求，以其與民國承認問題有關，不得不屈服，遂於十月五日正式承認之。自此要求成功，日本之侵略則又進一步而開始經營東蒙古矣。

三 二十一條

民國三年（一九一四年）夏，歐洲大戰爆發後，我國袁政府卽於同年八月六日向各關係國宣告中國中立。而日本政府則藉英日同盟爲名，突於八月十五日向德國政府致最後通牒，大意如左：

（1）在日本及中國附近海面之德國軍艦，應卽退去；如不能退去，須卽解除武裝。

（2）德國政府須將膠州灣租借地全部於一九一四年九月十五日以前無條件無賠償交與日本轉還中國。

以上二項，德國政府若於一九一四年八月二十三日正午，尚無完全承認之答覆，則日本政府應執必要之行動。

德國政府接此通牒，竟不致覆。日本遂於八月二十三日與德宣戰。當日本對德發最後通牒，事前並未與我國相商，事後始由駐京日使日置益通知我外交部，其蔑視我國已甚。且依國際公法，凡交戰團體，不能在中立國之區域內戰爭；然日軍出發後，不逕攻青島，而由山東北部海濱之龍口上岸，強截萊州半島作爲交戰區域。我國政府無可如何，乃劃萊州龍口及接近膠州灣附近地方爲交戰區域。九月二十六日，日軍四百餘名突至濰縣，佔據車站。十月三日復迫退中國軍隊。十月六日，日軍進逼濟南，佔領膠濟鐵路全線。我國抗議無效，日兵橫暴益甚。

十一月七日，青島入於日英聯軍之手。我國政府以戰事既畢，遂要求日政府撤去中國領土內之軍隊。時日本大隈內閣，素持侵略主義，認此要求爲有汚辱日本，旋命駐華公使日置益於民國四年（一九一五年）一月十八日，破國際慣例，逕向我國元首袁世凱提出要求二十一條，分爲五號，原文如下：

第一號

(1)中國政府允諾日後日本政府與德國政府，協定關於德國在山東省依據條約，或其他關係，享有一切權利利益讓與等項之處分，概行承認。

(2)中國政府允諾凡山東省內並其沿海一帶土地及各島嶼，無論何項名目，概不讓與或租借他國。

(3)中國政府，允准日本建造由煙台或龍口接連膠濟路線之鐵路。

(4)中國政府允諾爲外國人居住貿易起見，速自開山東省內各主要城市爲商埠，其應開地方，另行協定。

第二號

(1)兩訂約國互相約定，將旅順大連租借期限，並南滿，安奉兩鐵道期限，均展至九十九年爲期。

(2)日本國臣民，在南滿洲及東部內蒙古，爲建築商工業應用之房廠，或爲耕作，可得其須要土地之租借權，或所有權。

(3)日本國臣民，得在南滿洲及東部內蒙古，任便居住來往，並經營商工業等項生意。

(4)中國政府，允將南滿洲及東部內蒙古各礦開採權，許與日本臣民；至擬開各礦，另行商定。

（5）中國政府應允下列各項，先經日本政府同意，然後辦理：（a）在南滿洲及東部內蒙古允准他國人建造鐵路，或爲建造鐵路向他國借款之時；（b）將南滿洲及東部內蒙古各項稅課作抵，向他國借款之時。

（6）中國政府允諾如在南滿洲及東部內蒙古聘用政治財政軍事各顧問教習，必先向日本政府商議。

（7）中國政府，允將吉長鐵路管理經營事宜，委任日本政府，其年限自本約劃押之日起，以九十九年爲期。

第三號

（1）兩締約國互相約定，俟將來相當機會，將漢冶萍公司作爲兩國合辦事業，並允如未經日本政府同意，所有該公司一切權利產業，中國政府不得自行處分，亦不得使該公司任意處分。

（2）中國政府允准所有屬於漢冶萍公司各礦之附近礦山，如未經該公司同意，一概不准該公司以外之人開採；並允此外凡欲措辦，無論直接間接，恐於該公司有影響，必須先經該公司同意。

第四號

(1)中國政府允准所有中國沿岸港灣及島嶼，概不讓與或租借與他國。

第五號

(1)中國中央政府，須聘用有力之日本人，充為政治財政軍事等項顧問。

(2)所有在中國內地所設日本病院寺院學校等，概允其土地所有權。

(3)向來中日兩國屢起警察案件，以致釀成糾葛不少，因此須將必要地方之警察，作為中日合辦；或在此等地方之警察官署，須聘用多數日本人，以資籌劃改良中國警察機關。

(4)中國由日本採辦一定數量之軍械（如中國政府所須軍械之半數以上）或在中國設立中日合辦之軍械廠，須聘用日本技師，並採買日本材料。

(5)中國政府允將接連武昌與九江南昌之鐵路，及南昌杭州間，南昌潮州間，各鐵路之建造權，許與日本。

(6)福建省內籌辦鐵路礦山及整理海口（船廠在內），如需外國資本時，先向日本協議。

(7)中國政府允日本人在中國有宣教之權。

此種要求，純係戰勝國對於戰敗國壓迫之條件，然日本無端向中立國之中國爲此等要求，實爲歷史上國際間空前之創舉。當時日置益要求袁政府嚴守秘密，且聲明中國政府，若洩漏條件，日本當更索賠償；又要求從速解決，不得延緩。蓋日本自知條件太苛，既奪中國主權，復破列強均勢，一經洩漏，或曠日持久，必生意外枝節，故利於祕密與從速解決也。袁氏受日置益之誘惑，且輕信親日派外交官之言，遂將各項要求條件祕而不宣。是時我國國內輿論沸騰，十九省將軍通電反對作亡國的退讓。英美各國亦向日本詢問二十一條之內容，日本政府除去最苛刻之第五號及其餘重要條件，以示英美。

二月二日，袁政府派日方所指定之陸徵祥，曹汝霖為全權委員，與日置益初次會議。日置益欲使中國對於二十一條全案有大體之承認陸氏拒之。二次會議，陸氏發表對於全案之意見謂原案四五兩號各款或係侵害中國之獨立主權與內政，或係妨害他國之成約，絕對不能商議。三號漢冶萍公司，純係商人產業，政府無權干涉，亦不能為國際之商議。至第一第二兩號，可以逐條討論。惟一號一款，應待日德講和，中國加入媾和會議時處斷。二款有傷中國獨立主權，不便對日本獨為聲明。三款因與德國已有成議，不能再訂。四款山東業已宣佈之自開商埠尚未開放，應俟日後再議。第二號一款，應俟期滿續商；南滿安奉兩路性質不同，年限亦異，應分別商議。二三兩款，有害中國主權之行使，應另行提議。四款有礙機會均等，應為不背開放門戶主義之修正。五六兩款，均有妨礙中國主權之行使，不能承許。七款係半借款所造之路，無委任日本政府管理，及九十九年之理由。越二日，日使到部聲明奉本國政府訓令，須貴國對於二十一條全行提出修正案，方能開議。袁政府旋命陸曹表示退讓，復相繼提出各修正案；而日政府亦重新提出二十四條修正案，然與原案仍無甚出入。袁政府接此修正案，復斟酌輕重作成最後修正案，於五月一日提交日使。

日本政府以我國政府新提交之最後修正案不能滿彼慾望，旋於五月七日遂向我國提出最後通牒，限『中國政府至五月九日午後六時爲止，爲滿足之答覆；否則帝國（日本）政府，將執行必要之手段云云。』

袁政府接此通牒，連日在總統府開軍政界特別會議，卒議決承認日本最後通牒之要求，當派曹汝霖先行通知日使。時歐戰方烈，歐洲諸國無暇顧及遠東政治；惟美國威爾遜政府特於五月十一日向中日兩國政府發出下列之宣言：

『此次中日兩國磋商條件，早已開始，迄今尚未解決。磋商所至，必有議決之件，以事甚秘密，美國政府不得而知。然有不得不向中日兩國政府宣言者，即中日兩國政府，無論有何同意或企圖，如有妨害美國國家及人民在中國條約上之利益，或損害中國政治上領土上之完全，或損害關於開放門戶商工業均等之國際政策者，美國政府，一律不能承認。』

美政府此種消極之宣言，殊不能使日本有所顧忌。至五月二十五日，二十一條除第五號被逼簽「容日後協商」及第四號用命令宣佈外，其餘均用換文簽押當時全國輿論皆攻擊外交當局民氣極爲激昂。

二十一條之被迫簽押，實爲中國空前之奇辱。中國自海通以來，外交之失敗雖多，然未嘗無端受他國如此苛刻之要求也。經此交涉後日本在華之權利大行擴充而列强均勢之局因以破壞矣。

四　鄭家屯案及其他

（1）鄭家屯案　鄭家屯爲東部內蒙古哲里木盟地。民國二年始改爲遼源縣。據中日條約，日本於南滿鐵道附近有駐紮守備兵之權，鄭家屯既非南滿，又非鐵道附近，日本殊無駐紮軍隊之理由。然日人欲併吞滿蒙，遂爲實際之進行，無端令駐南滿之日軍移一支隊於鄭家屯，並設日本巡警署。當經奉天當局迭請撤退，日本置之不理。民國五年（一九一六年）日政府利用袁氏稱帝，暗助清室宗社黨徒於南滿招集馬賊起勤王軍，並招引蒙匪南下應援，以實行其擾亂滿洲之政策。同年七月，蒙匪犯突泉，為奉天二十八師馮麟閣之軍隊所擊敗，急退南滿鐵道附近之郭家店。日人見蒙匪大敗，急遣大尉福生田至二十八師聲明南滿鐵道附近，不能開戰，以止二十八師之追擊。同時在鄭家屯之日人，假一小小事件殺入中國團部，威壓奉軍，使不能痛剿蒙匪。此即鄭家屯案之由來。

民國五年八月十三日，住在鄭家屯之日商某向一華童買魚，華童因其出錢太少，不肯出賣。該日商即揮拳痛打，適為駐在該地之華兵所見，乃出而勸阻。該日商倚仗國勢，竟敢動武，不勝，乃奔至日營捏詞妄報，並帶引武裝日兵二十餘名，前往駐在該地之華兵團部交涉。不待守門者報告，強欲進內，當被衛兵攔阻。日兵即將該衛兵痛擊，致招其餘華兵之公憤，遂羣起援助。日兵開槍，實行對敵。其結果，華兵死亡四名，傷數名；日兵死亡七名，重傷九名。

當事變發生時，遼源知事聞警，旋赴日營慰問日隊長井上松尾，一面電請附近各日軍來援，一面向知事要求二十八師即時出城，不得停留。知事當訪團長商議，即令所部開至城外駐紮。知事以告井上，井上仍以恐華兵報復為詞，逼令凡中國軍隊，均須一律退出城出三十里。知事旋又向各軍商議，各軍皆於是晚相繼退出。知事復以告井上，井上遽變色，而將知事拘留，至次日始行釋放。越二日，日軍大隊開至，將遼源鎮守使署及中國各營房全行佔據。並張告示，宣佈由鄭家屯至四平街三十里內，不准華人入境，以示全行佔領之意。至九月二日，駐京日使林權助，以華軍包圍日營爲詞，向我外交部提出要求八條如下：

a、懲罰第二十八師師長。

b、有責任之將校，悉行免黜，其中直接指揮暴行者，處以嚴刑。

c、嚴飭駐南滿東蒙之中國軍隊，嗣後不得再有挑撥日本軍隊，或日本人民之任何言動；並由該處地方官以此項命令，佈告週知。

d、承認日本政府爲保護取締南滿及東蒙之日本臣民，於必要地點派駐日本警察官；中國並於南滿洲增聘日本人爲警察顧問。

e、駐紮南滿及東蒙之中國各軍隊，聘用日本將校若干名爲顧問。

f、中國士官學校，聘用日本將校若干名爲教習。

g、奉天督軍親往關東都督署及奉天日本總領事署謝罪。

h、對於被害者或其遺族予以相當之慰藉金。

按此事變之責任，全在日本而不在我國。苟非日本違約駐紮軍隊於遼源，與設置日本警察署，必不致發生此重大之事變。故當此案發生後，我國政府應嚴向日本要求撤退鄭家屯之日警與其軍隊，以弭後患，方爲正當辦法。乃是非顛倒，日公使反向我國提出上述之要求八條。我國外交當局恐案懸不結，別生枝節，竟接受日使之提案，與開談判。至民國六年（一九一七年）一月二十二日，兩國全權委員用公文交換了案，其條件如下：

a、申斥第二十八師師長。

b、有責任之中國軍官，按照法律，酌量處罰，其應從嚴者，自應從嚴。

c、於日本臣民雜居區域內，出示告諭一般軍民，對於日本軍民，應待以相當禮遇。

d、奉天督軍對於關東都督署及奉天日本總領事館，表示抱歉之意。

e、給日本商人五百元之卹金。

f、日本因鄭家屯事件發生，增派至該處之軍隊於上五項全部實行後，即行撤退。

（2）日本與各國訂立密約　當歐洲大戰勃發，日本視爲有機可乘，將利用之以奪德國在山東及南洋之勢力，並乘機向中國爲特殊之侵害。時日本大隈內閣決定對外方針二案：一爲日本急速加入協約國，而同時阻止中國加入協約國；一爲暗中進行與各國訂立密約，以期各國承認其在太平洋之特殊勢力。

民國六年三月一日，日本與英國訂立密約，英國承認戰後允許日本收領赤道以北德國固有各島嶼，及承受德國在山東之權利。同年二月二十日，日本又與俄國訂立操縱遠東之合同；三月一日，又與法意兩國訂立類似之密約。

日本於五國密約成立之後，以爲美國尚未入其彀中，山東特權雖不能與美國相商，然不可不使美國別有約束。於是日政府遂假協同作戰之名，派石井子爵爲赴美全權大使。及石井與美國國務卿藍辛氏會見，其所討論關於協同作戰各案，不過爲石井之附帶事務，而其鄭重主要者，則欲美國正式承認日本在中國之特殊關係耳。石井氏措詞極爲巧妙，大抵謂：『日本對中國之政策，既非侵略，又非壟斷，不過以地理上之連接生出特殊關係，得利用商工等業耳。又謂日本從前照此主義進行，屢遭美國人民之誤解，蓋全出於德國政府造謠離間之陰謀，嗣後關於此等疑惑，務須由兩國共同宣言，以爲根本疏清，免再中敵人離間之計云云。』此一段巧妙之詞，其精神全在以地理上之連接，生出特殊關係數話。藍辛氏不察，竟許於民國六年十一月七日美日兩國共同宣言，其中有一段謂：『美國及日本兩國政府，承認領土相接近國家之間生特殊之關係，因之美國政府承認日本在中國有特殊之利益云云。』

此宣言發表後，日本輿論狂喜，咸認日本外交大成功，且認中國從此非完全獨立之國家，而爲日本之保護國。蓋其解釋特殊利益四字，係包括中國全體之內政外交各政權而言云。

(3)中國參戰及日本之侵害　我國袁總統當日本對德宣戰時，曾與駐京英使朱爾典相商，告以中國願擔任攻擊德軍，及收回青島之意見。英使轉商於日使，而爲日使所拒絕。民國四年十月，英，法，俄三國駐京公使，勸誘中國加入戰爭；袁氏提出三項條件；三國公使，悉數承認之。旋因日本反對中國加入戰爭之議又作罷。

民國六年（一九一七年）一月，德國政府向世界宣佈自二月一日起，採用無限制的潛水艇政策。無論中立國與交戰國之正當通商及中立國與中立國之通商，苟經其封鎖區域，皆有被擊沉之危險。美國總統威爾遜認德國此舉為蔑視公法蹂躪人道，遂於二月三日對德絕交同時並邀請其餘各中立國共同對德為強硬之表示。其時世界各國，除墨西哥不向德國提抗議外，其餘如南美各國，東亞之暹羅，以及歐洲之荷蘭，丁抹，瑞士，瑞典，諾威，西班牙等國，均次第向德國提出抗議。中國政府亦於二月九日作同樣之表示，旋於三月十四日對德絕交，八月十四日正式向德奧宣戰。

日本政府聞中國對德提出抗議後，大為驚異。日本駐華公使竟警告我外交部，謂中國此舉，應先通知日本。夫中國非日本之保護國，對外行動有自由主權，何須告知日本。日使警告我外交部，卽不承認中國為完全獨立國之表示也。

未幾，我國因對德絕交，遂引起總統黎元洪與總理段祺瑞之衝突，因黎段之衝突，又引起督軍團起事國會解散，張勳復辟及南北戰爭等。日本政府當中國南北分裂時，特組織特殊銀行團借貸與北京政府，以助長中國之內亂，且使北京政府在政治上經濟上完全受其支配。據劉彥君之調查，民國六七年間，日本政府對北京政府所投之資，幾達五萬萬元之多。茲將此兩年內所訂之借款契約，約略分述於后：

a、第二次善後借款　民國六年八月二十八日，財政總長梁啓超，與橫濱正金銀行代表小田切萬壽之助，締結屬於第二次善後借款之墊款契約，由日本墊日金一千萬元，以中國鹽稅餘款之全部爲優先擔保品。

b、交通銀行借款　民國六年九月二十九日，交通銀行總裁曹汝霖，股東代表陸宗輿，與日本臺灣朝鮮興業之銀行代表山城喬六，池田常吉，締結交通銀行日金二千萬元借款契約，以交通銀行所存中國國庫劵二千五百萬元爲擔保品。

c、吉長鐵路借款　民國六年十月十三日，交通總長曹汝霖，財政總長梁啓超與南滿鐵路理事龍居賴三，締結吉長鐵路日金六百五十萬元借款契約，以本鐵路之財產及收入爲擔保。

d、第一次軍械借款　民國六年十一月十五日，北京陸軍部與日本泰平公司，締結第一次軍械借款契約，雙方皆嚴守祕密，不將契約發表。借款總額或謂日金一千萬元，或謂一千六百萬元。交付軍械，以作現款。

e、運河借款　民國六年十一月二十日，中國政府代表熊希齡與美國廣益公司締結運河借款日金一千二百萬元契約，其中由日本分擔五百萬元，以運河收入及印花稅爲擔保。

f、直隸水災借款　民國六年十一月二十二日，直隸水災督辦熊希齡與日本銀行代表李士偉締結水災借款日金五百萬元之契約，以多倫諾爾殺虎口臨清三常關收入爲擔保。

g、印刷局借款　民國七年一月五日，財政部與日本三井洋行締結印刷局借款日金二百萬元之契約，以印刷局財產爲擔保。

h、第三次善後借款　民國七年一月六日，財政總長王克敏與橫濱正金銀行代表武內金平締結第三次善後借款日金二千萬元之契約，以中國鹽稅餘款之全部爲擔保。

i、無線電信借款　民國七年二月二十一日，海軍部劉傳授與三井物產株式會社大倉得大郎，締結無線電信借款五十三萬六千二百六十七鎊之契約，以無線電信局之收入爲擔保。

j、有線電信借款　民國七年四月三十日，交通總長曹汝霖與中華匯業銀行總理陸宗輿，理事柿內常次郎，締結有線電信借款契約，款額日金二千萬元，以中國全國有線電信之一切財產並其收入爲擔保品。

k、吉會鐵路墊款　民國七年六月十八日，交通兼財政總長曹汝霖，與日本興業銀行代表直川孝彥，締結吉會鐵路預備借款契約，款額日金一千萬元，以屬於本鐵路現在及將來之一切財產爲擔保。

l、第二次軍械借款　民國七年七月三十一日，陸軍總長段芝貴與日本泰平公司代表高木潔，締結日金三千三百六十四萬三千七百六十二元之第二次軍械借款契約，亦交付軍械，以作現款。

m、金礦森林借款　民國七年八月二日，農商總長田文烈，交通總長曹汝霖，與中華匯業銀行總理陸宗輿，理事柿內常次郎締結金礦森林日金三千萬元之借款契約，以黑龍江，吉林兩省之金礦並國有森林，及此等金礦森林所生之政府收入爲擔保品。

n、滿蒙四路墊款　民國七年九月二十八日，駐日公使章宗祥與日本興業銀行副總裁小野英二郎締結滿蒙四路（開原海龍至吉林，長春至洮南，洮南至熱河，洮南熱河間一地點至某海港），預備借款契約。款額日金二千萬元，以屬於滿蒙四路現在及將來之一切財產及其收入爲擔保。

o、濟順高徐二鐵路墊款　民國七年九月二十八日，駐日公使章宗祥與日本興業銀行副總裁小野英二郎，締結濟順高徐二路預備借款契約。先是民國三年，日本攻青島時，以大軍進逼濟南，佔領膠濟鐵路全線，將中國之鐵路服務人員以及鐵路警兵悉行驅逐，而代以日人。迨民國六年復於青島設立日本行政總署，於坊子，張店，李村，濰縣，濟南等處，設立日本行政分署。雖經中國政府先後抗議，概置不理。及中國對德宣戰，爲協約國之一員；日本政府欲滅中國將來於和會控訴日本之口實，必預籌遏止之法。於是遂乘機與我國駐日公使章宗祥提議，以膠州至濟南之鐵路歸中日合辦，又濟南至順德，高密至徐州二鐵路借日款建築爲條件。我國北京政府，正在窮困之際，對此提議，欣然同意。於是膠濟鐵路中日合辦之約及濟順高徐二路借日款二千萬元建築之約，分別成立。巴黎和會山東問題失敗之禍根卽伏在此矣。

p、參戰借款　民國七年九月二十八日，駐日公使章宗祥與朝鮮銀行總裁美濃部吉緜結參戰借款日金二千萬元之契約。此借款根據於中日軍事協定，蓋以由中央編練三師四混成旅，以便出兵歐洲爲名義。至其最重要之附帶條件，則係此種新編之參戰軍，必用日本軍官爲訓練。蓋日政府之用意，實欲乘此機會，取得對於中國軍事上之特殊地位也。

此外，據日本寺內氏下野時大藏省之報告，尚有滿蒙四鐵路正式借款一億五千萬元，及製鐵借款一億元。惟其內容，兩國皆守祕密、故無由得知。

（4）中日軍事協定　民國七年（一九一八年）二月，俄國列寧新政府降服於德奧聯軍；聯軍勢力，漸次彌漫於全俄。協約各國政府，不願俄國過激派之勢力侵入亞洲，共同提議出兵西伯利亞，援助反對新俄之捷克軍隊。日本政府因此引誘中國參戰督辦段祺瑞，共同出師，並祕密訂立一種軍事協定，此卽震動一時之中日軍事協定是也。

此協定之原文，中日政府均守祕密，未曾正式發表。迨民國八年（一九一九年）二月二十八日，北京政府和議代表朱啓鈐，因南方政府總代表唐紹儀之要求，始交付關於中日軍事協定文書四種於和會。其全文如左：

中日陸軍共同防敵軍事協定（第一種）

（一）中日兩國陸軍，以敵軍勢力，日蔓延於俄國境內，其結果將危及於極東全局之和平；爲適應此情勢，且實行兩國參戰之義務，應取共同防敵之行動。

（二）關於共同軍事行動，彼此兩國所處之地位與利害，相互尊重其平等。

（三）兩國當局本此協定，於開始行動時，各自對於本國軍隊及官民之軍事行動區域內發佈相互誠意親善，同心協力之命令或訓告，以達共同防敵之目的。

凡在軍事行動區域內，中國地方官吏對於該區域內之日本軍隊，須盡力協助，使不生軍事上之窒礙，日本軍隊須尊重中國主權及地方習慣，使人民不感不便。

（四）爲共同防敵，在中國境內之日本軍隊，俟戰爭終了時，卽自中國境內一律撤退。

（五）若有派遣軍隊赴中國國境以外之必要時，兩國協同派遣之。

（六）作戰區域及作戰上之任務，爲適應共同防敵之目的，兩國軍事當局，各自量本國之兵力，另行協定。

（七）中日兩國軍事當局在協同作戰期間，爲圖協同動作之便利起見，應行左記各事項：

a、關於直接作戰各軍事機關，彼此互相派遣職員，充往來聯絡之任。

b、爲圖軍事行動及運輸補充敏捷起見，陸海運輸通行諸事宜，須彼此共謀利便。

c、關於作戰上必要之建設如軍用鐵路電信電話等項，應如何設置，由兩國總司令官臨時協定之，俟戰事終了，一概撤廢。

d、關於共同防敵所需之兵器軍需品及原料，兩國應相互供給，其數量以不害各自本國所要之範圍爲限。

e、關於作戰區域內軍事衛生事項，應相互補助，使無遺憾。

f、關於直接作戰上之軍事技術人員，如有互相輔助之必要時，經一方之請求，他卽派遣服務。

g、軍事行動區域內，設置諜報機關，並相互交換軍事所要之地圖及情報。

h、協定共用之軍事暗號。

（八）爲軍事輸送使用北滿鐵路時，關於該鐵路之指揮保護管理等，應尊重原來之條約，其輸送方法臨時協定之。

（九）本協定實行之詳細事項，由兩國軍事當局指定之各當事者協定之。

（十）本協定及附屬之詳細事項，兩國皆不公佈，取軍事祕密。

（十一）本協定由兩國陸軍代表記名調印，經各本國政府之承認，乃生效力，其作戰行動，俟適當時機，經兩國最高統帥部商定開始。本協定及基於本協定所發生之各種細則，俟中日兩國對德奥敵國戰爭終了時，卽失其效力。

（十二）本協定以漢文及日文各繕二份彼此對照，簽名蓋印，各保有一份爲證據。

中華民國七年（日本大正七年）五月十六日，中國委員長靳雲鵬，日本委員長齋藤季次郎訂於北京。

中日陸軍共同防敵軍事協定實施之詳細協定（第二種）

本於中日陸軍軍事協定第九條由兩國軍事當局指定之各當事者，協定關於第六條第七條各事項如左：

（一）中日兩國各派一部軍，對於後貝加爾及阿木爾取軍事行動，其任務在救援捷克斯拉夫軍，並排除德奧及援助德奧者。期指揮統一及協同圓滿起見，行動於該方面之中國軍隊應入於日本司令官指揮之下。

爲與自滿洲里進後貝加爾之軍隊相策應，中國軍隊之一部應由庫倫進至貝加爾湖方面；如中國軍於該方面希望日本軍派遣兵力一部，日本軍亦可派往，入於中國軍司令官指揮之下。

此外中部蒙古以西之邊防，應由中國自行鞏固防備。

（二）兵器及軍需品之借給屬於緊急不得已者，可由前方司令官相互協定之；然

　

其他之物品及原料之供給則應由東京及北京之最高補給機關交涉行之。

(三)關於衞生業務，中國如有希望日本可於力所能及之範圍內提供便利；將來情況進展，則關於病院及休養所之設置，日本軍亦須受中國之助力，

(四)由南滿鐵路輸送之中國軍隊及軍需品，由中國自行運至大連，營口或奉天；此後至長春之運輸，由日本擔任之。日本軍一部由庫倫進貝加爾方面時，該軍隊及軍需品，由日本運至大沽秦皇島或奉天此後之運輸，由中國擔任之。由北滿鐵路之輸送，使該鐵路當局任之。爲謀中日兩軍及捷克軍之輸送，調度有方起見，中日應設協同機關，便與該局交涉。但將來聯合各國之軍隊行動於此方面時，亦可參加人員於該機關內。

(五)關於連絡職員之派遣，除交涉已定或正在交涉中者外，前方司令部，或將來更有必須互遣職員情事，應由東京與北京最高補給機關辦理。

(六)兵器及其他軍需品原料之供給及兩國運輸軍隊各應擔任之輸送等費用，

均須給價，應隨時或軍事終了後，核算給清。

（七）本協定以漢文及日本文各繕二份彼此對照簽名蓋印，各保一份爲證據。

民國七年九月六日中國當事者徐樹錚，日本當事者齋藤季次郎訂於北京。

中日海軍共同防敵軍事協定（第三種）

全文惟無陸軍共同防敵軍事協定之第四第五第八三條，其餘與陸軍共同防敵軍事協定，大致相同，茲不再述。

中日海軍共同防敵軍事協定說明書（第四種）

（一）兩國海軍爲謀共同作戰之圓滿，以副軍事協定第一條之宗旨起見，務須和衷協同，相互輔助，以期用兵計畫周妥無遺。

（二）海軍軍事協定第五條（即陸軍軍事協定第七條）各項說明如左：

第一項所定職員，目下以公使館海軍武官，及駐在各處海軍武官充之，其他於必要時，協定派遣之。

第三項之材料，即金屬物件之類軍需品，即燃料糧食以及軍事上必要之子彈火藥等類，兩國均應量力輔助之。

第五項交換水路圖誌一事，俟一方請求時行之。軍事行動區域內，如有應行補測之海灣，經雙方認爲必要時，應由該地方所屬之本國海軍當局，自行補測之。

民國七年五月十九日，中國海軍委員長沈壽堃，日本海軍委員長吉田增次郎訂於北京。

以上各約，表面上中日兩國似得維持平等之待遇，然實際上則我國之損失極大。日本可藉此出兵北滿，以實行其侵略北滿之素志。尼港事件發生後日本之舉動，即其明證也。故全國輿論對此軍事協定始終反對。迨民國十年（一九二一年）一月，國務總理靳雲鵬始與日本政府交換取消軍事協定之照會。

五　巴黎和會及五四運動

歐戰將終時北京公使團對中國之[illegible]向

和會之召集

（1）巴黎和會　民國七年（一九一八年）十月，德奧聯軍，向協約國自請降服。事實上歐戰將行結局，日本政府恐中國於和議席上佔優勢，遂嗾使北京公使團向中國政府提出參戰不力之覺書，而責北京政府用緩交之義和團賠欵及關餘款項與參戰軍以供國內黨派私爭之用；任津浦隴海兩路沿線爲土匪所擾亂；對於敵國人在中國之利益及活動未加禁止；又遴派使節與羅馬法皇訂約有受敵國人運動之嫌疑。北京政府接此覺書，頗爲狼狽。旋派陳籙赴各公使館解釋，始無異議。

歐戰既終，乃於民國八年（一九一九年）一月十八日，開和平會議於法國巴黎凡爾塞。先是民國七年美國大總統威爾遜宣布美國和平條件十四條，以爲議和之基本條件。其中主要者有二：第一條和平條約須用公開方法決定；此後無論何事不得私結國際盟約，凡外交事件均須開誠公佈不得祕密行事。第十四條：確定約章組織國際聯盟，其宗旨爲各國相互保障其政治自由及土地統轄權，國無大小，一律享同等之權利。

各國對美總統所宣布之十四條，表面上皆承認爲議和之基本條件。故中國對於和會抱有絕大之希望。民國七年十二月，北京政府特派外交總長陸徵祥及駐外公使南方代表顧維鈞，施肇基，魏宸組，王正廷五人爲全權代表，列席巴黎和會。陸徵祥親帶一切重要文書，由本國起程，途徑日本時，忽被人竊去重要之丁字文書一箱。

我國代表團作成中國應解決條件之提案一件，凡應廢除之不平等條約當經盡量提明。茲將我國提出於和會之希望條件列下：

a. 廢棄勢力範圍。

b. 撤退外國軍隊巡警。

c. 裁撤外國郵局及有線無線電報機關。

d. 撤消領事裁判權。

e. 歸還租借地。

f. 歸還租界。

g. 關稅自主。

以上各條均各說明其發生之原因，並詳述其應廢改之理由，作成說帖，其結論云：

『中國政府提出說帖於平和會議。非不知此類問題，並不因此次世界戰爭而發生；然平和會議之目的，固不僅與敵國訂立和約而已。亦將建設新世界，而以公道平等尊敬主權爲基礎。徵以萬國聯合會約法而益見其然。此次所提各問題，若不亟行糾正，必致種他日爭持之因，而擾亂世界之和局。故中國政府深望平和會議熟思而解決之如下： a.關於勢力或利益範圍者，其有關係各國各自宣言，聲明在中國現無勢力或利益範圍，亦無提出此項要求之意。至從前所訂一切條約協議換文合同之授予領土上之專有利益以及優先權特權，足以造成勢力或利益範圍而妨中國主權者，或可解釋爲含有授予之意者，並願與中國商議修訂。 b.關於撤退外國軍隊巡警者，凡法律上無所根據，而現在中國之外國軍隊及巡警機關，立即撤去。一九〇一年九月七日之專約第七九兩條，由平和會議宣告廢止。自宣告日起一年以內，所有外國使館衛隊及依據該約而駐紮中國之軍隊，一律撤退。 c.關於外國郵政及有線無線電報機關者，自一九二一年一月一日起，所有外國郵局，一律撤去。此後非經中國政府明白允許，不得再在中國設立有線無線電報機關。其業已設立者，由中國政府給價收回。 d.關於領事裁判權者，中國擔任於一九二四年底以前(1)須行五種法典；(2)在所有各府城設立審判所，而各國則允將其領事裁判及設在中國之特別法庭一併放棄，並在領事裁判權實行撤銷以前，允從下開辦法：(甲)華洋民刑訴訟被告如係中國人，則中國法庭自行審判，毋庸外國領事或代表參與訊斷。(乙)中國法庭所出傳拘票及判決，得在租界或外國人住宅內執行，毋庸外國領事預先審查。 e.關於租借地歸還中國，由中國擔任歸還後應盡之義務。如保護產業權及治理歸還地面之義務是。 f.關於外國租界者，請有關係各國允於一九二四年年底將租界歸還中國，中國擔任義務保護界內之產業權，在實行歸還以前，先按說帖所述，更改租界章程。 g.關於關稅自主一端，請宣言由中國與各國商定時期，此時期屆滿時，中國得自行改訂關稅；又在此時期中，中國得自由與各國商定關稅交換條約，並得區別必要與奢侈之稅，則其必要之稅率不得輕提百分之二十五。在未訂此項協約前，先於一九二一年廢止現行稅則，中國允於新協約訂立時，廢止釐此說帖與廢除二十一條中日協約之提案同時遞交巴黎和會最高會議。

先是該會議討論處置德屬殖民地之方法，日本將青島亦劃入於德國殖民地中，並由法外部通知中國，日本要求將山東之權利，無條件讓與日本。因此，中國代表遂提出詳細說帖，要求德國直接交還中國。其主要理由如下： a.由德國直接交還中國，手續較簡，且免橫生糾葛。 b.日本以武力佔據膠澳租借地鐵路及其他山東權利，乃在戰爭未終止以前，為一種暫時的佔據，不得即有佔據土地財產之證據。且自中國對德宣戰之日起，中國既為戰爭之國，日本之以武力佔據膠澳，實為違反中國之主權。 c.中國於一九一五年五月二十五日與日本締結關於山東問題之條約，係日本以二十一條加諸中國以後所發生之事，中國之簽字，實由日本最後通牒迫成之。 d.中國對德宣戰書中，曾聲明自宣戰之後，所有中國一切條約合同契約，一概取消。則所有一八九八年三月中之中德條約，德國所以得膠澳租借地鐵路及其他權利者，亦當然包含在內。是德國所有租借之權，已為中國所有，則德國

對於山東已無轉授與他國之權。

上述兩案提出後，大動世界之注意，而中國代表所持之理由與言論，尤足震動一時，大得歐美人士之同情。日代表見形勢不佳，頗覺不安。時適意國因要求亞德利亞海東岸之阜姆港歸意國領有，威爾遜總統不允，意代表遂退出和會。日代表因亦利用時機，對美國與英國排斥黃人入境一事，故提出人種平等案，並向新聞記者聲明倘使人種平等案及山東權利繼承問題不能通過，亦將退出和會等語，以爲要挾之計。時美法恐和會決裂，而英法意各國又因與日本先有密約，皆不敢力持正義；僅謂會議中允量承認此項問題之重要，但不能認爲在平和會議權限以內，擬俟國際聯盟行政部能行使職權時，請其注意。

時我國代表力持是案應歸和會解決之理由。然段內閣曾以順濟高徐二鐵道借款由駐日公使章宗祥與日外務省換文，有對於山東問題中國欣然同意之語；最高會議持以相詰，鐵證如山，中國外交前途，遂陷於窮境。我國各代表奔走呼號，始則要求最高會議於和約內，即於山東各條之下聲明保留，不允；次則要求於和約文後聲明保留，亦不允；再次要求於和約外另聲明保留意義，亦不允再後要求不用保留字樣，僅聲明而止，亦不允。最高會議之偏袒日本，於此可見。

五月四日，協約國交和約全案與德代表，約中第一百五十六條至一百五十八條，規定日本承受山東之權利，北京政府受日本之暗示，訓令代表屈服簽字。但當時全國輿論沸騰，請代表拒絕簽字之電報，至千餘封之多，留歐華僑援助尤烈，堪為後盾。六月二十八日為協約國代表簽字之期，我國代表卒能順從民意拒絕簽字，不出席會場，山東與各項問題遂成為懸案，而得有再提於華盛頓會議之機會。

（2）五四運動 民國八年四月間，中國人民迭聞中國代表在巴黎和會失敗之消息，極為憤慨，陸徵祥等向北京政府電告交涉情形，有曰：『此次和會我國主張失敗之原因，一由於一九一七年二三月間日本與英法諸國有青島讓歸日本之密約，二由於一九一八年九月我國當局與日本政府有欣然同意之山東換文，遂使美國無從為力云云。』此電一到，羣情忿不可遏，咸目曹汝霖陸宗輿章宗祥等親日派人物為賣國賊，且致電巴黎我國代表拒絕簽字。

五月四日，北京各校學生約萬餘人齊集天安門，各人手中皆持白旗，上書『還我青島』，『同胞快醒』等字樣；繼則列隊遊行，途經曹汝霖住宅，遂蜂擁而入，欲晤曹氏而質問焉。曹氏不在，章宗祥被毆受重傷，旋曹宅火起，羣衆始各散歸，在途被軍警捕去爲首學生共三十餘名。

學生被捕後，形勢益趨嚴重。各校皆組織演講團出外演講，並查焚日貨，且上書總統，請罷免曹陸章三人，政府不允，北京學生聯合會遂於五月二十日宣布總罷課，各地聞風響應；天津，濟南，上海，保定，杭州，武昌，安慶，開封等各大城市之學校，至五月底幾乎全行罷課。六月四日，上海學生會要求上海工商界協助，工商界即於翌日舉行大規模之罷工罷市，北京政府不得已，遂於六月六日開釋被捕學生，尋將曹汝霖等罷免。

要之，巴黎和會我國外交雖失敗；然換得一般國民咸知政府之不足恃，及本身對於國家有重大之責任，此種價值殊足珍貴也。王正廷君對於此次交涉之結果有極精確之斷語，茲特轉錄如左：

『先是中國承清廷積弱之餘，繼以袁政府私心自用，凡外交巨案，例由一二人祕密處置，深恐為國民所知，致起反對，民意則絕無由表現。列強窺見其隱，故每次交涉皆用高力壓迫；若逢稍有躊躇，卽以哀的美敦書或自由行動相脅迫，無有不俯首帖耳委曲順從者。此次列強初以為亦可駕輕就熟，決不致逾越範圍，乃竟拒絕簽字，出諸意料之外，無不驚以為異事。故是役也，提案雖未成功，然因拒絕簽字之故，而外交則不可不謂中國第一次之進步。蓋得效果如下：(一)國民覺知強權雖強，亦不能全滅公理，宜力圖自決，起為廢約運動。(二)世界各國認知中國外交主權在於國民全體，非復政府中少數人所能愚弄。(三)各國知中國民族既有自決之心，足為外交後盾，未可再加輕侮。(四)各國知中國對於外交已有一定方略，未能再以脅迫從事。(五)各國漸覺悟不平等條約傷害我國人感情過甚，應有設法疏解之必要。(六)歐美各國覺悟任一國在華佈有特殊勢力，將至獨占中國之市場，甚為不利，漸各自相危懼，以至攜貳，致日本當時陷於孤立地位，不能不放棄山東權利。(七)各國知我國人與日本人惡感極深，各有向我國表示好意，以競爭機會之意。

『因得以上結果，故各國對於中國，一變其強權壓迫之態度，而爲親善誘惑之態，實可謂中國外交上之一大轉機。而嗣後修改不平等條約及挽回主權之運動，遂得逐漸收效，乃至間接產生華盛頓會議。』

第四章　五四以後之中日外交

一　長春事件

民國八年夏間，吉林省軍官高士儐等爲吉督孟思遠經北京政府調京內用事，集兵長春，意圖反抗，以致發生中日兵士衝突事件。

當吉林風潮緊急時，吉軍陸續向長春方面開拔。至七月中旬，有旅長高俊峯所部一團到長，時南嶺已有吉軍大隊駐紮，故暫以二道溝俄操場曠地幕營。十九日下午忽有日本南滿鐵路長春站站夫船津由該軍幕營處經過，該軍軍士以幕營線內不得任意通行，囑其他往。該日人不服，因之互相毆鬬，日人受微傷。該地日本守備隊聞信，卽派武裝兵隊三十餘名開至吉軍幕營左近，嗣由日本大尉松岡入營交涉，當經該團第一營營長詳爲解釋。未幾雙方兵士因誤會卽開始攻擊，該營長阻止無效，擬赴旅部報告，又爲日軍拘留，至翌日始行釋放。旋長春日本守備隊繼派兵士二十餘名，長春日兵站副官山內帶領兵士三十餘名，並攜有機關槍，前往援助合力向吉軍背面射擊，吉軍漸向北方退卻。高旅長及日本領事館館員聞信先後馳往勸阻，雙方始停止射擊。至死傷人數，日方據長春日領事館調查死十八名傷十七名。中國方面據該團長等事後檢查，死排長一人，兵士十一名，傷十四名。事後經高旅長與日領議定暫時辦法六條，大旨均關於華軍撤退問題。至九月八日，駐京日使小幡氏奉本國政府訓令到我外交部提出要求六條，大意如左：

(1)民國八年七月二十二日之大總統命令，由外交部交給日本公使以表明遺憾之意。

(2)東三省巡閱使張作霖對於奉天日本總領事謝罪。

(3)懲辦當日肇禍之兵士及其將校。

(4)懲辦當日參加於此事之警察及其指揮者。

（5）中國整頓軍事及軍事行動等經過長春時，須先通知日本領事。

（6）死者遺族給償卹金傷者給醫藥費。

以上條件，經再三磋商後，方由我國提出對等之要求。其結果，除第一條由京中辦理外；第二條之謝罪一層，改由張作霖以私函致日總領事，請其轉達傷亡家屬表示悼惜之意；第三條懲辦滋事軍官兵士一節，由鮑督調查後按照軍法辦理；第四條懲辦長春警察，亦由長春道尹查明保護不力之警察傳署面加申斥，第五條經一再改正；當將條文易爲東三省軍隊應由巡閱使以最切當之方法，儆戒將來對於日軍不得發生此項暴行等語，第六條則經雙方商定共給日金二千元，由其自由支配。至我方提出之對等條件，請日總領事嚴令駐東三省日軍遇有事端，應請由日領事與我地方官商辦，嗣後不得率衆持械巡行交涉致生枝節。旋即正式換文，此項交涉遂告終結。

二　福州事件

長春事件方告結束，而福州事件又繼之以起。我國全國學生自五四運動後，即提倡抵制日貨，因此日人恨之刺骨。

民國八年十一月十六日，福州有日籍台民六七十人，皆手攜鐵尺手槍，無故在安樂橋，新橋頭等處毆打青年會學生及市民。警察署聞報，急派武裝巡警二十名馳至，意欲和平解散。詎該日人等各出手槍，四面亂射，巡警史孝亮身中四彈倒地，其餘學生市民中彈者多人。督軍李厚基聞警，當派軍隊二營馳至，當場捕獲兇犯日人共十名，

此事發生後，全國各界憤激異常，請求北京外交當局嚴重交涉。而日本政府則依日領之請，當派軍艦嵯峨號及驅逐艦櫻橋二號開往福州示威。北京政府遂向日本公使提出抗議，要求撤艦，而日使小幡則謂本案發生原因，實由中國地方官不能約束而起。雙方辯論，不得要領。後小幡提議，由兩國政府另派委員調查實在情形後，再行交涉。於是我外交部遂派參事王鴻年，祕書沈覲扆，會同日本外務部祕書松岡洋右，日使館通譯西田耕一，同往福州，調查事實。至民國九年（一九二〇年）二月間，始調查終了。雙方委員各以所得報告本國

政府。日政府自知理屈，遂一方以自動形式更換福州領事，一方對於該案，仍持宕延之態度。

迨三月十六日我國用正式公文，向日使提出下述之三項要求：

(1)日本政府向中國政府謝罪。

(2)肇事之日本兇犯，予以嚴懲。

(3)中國人民生命財產之被損害者，日本應予相當之賠償金。

日使小幡雖不拒絕上項要求，然亦要求中國互辦。我外部以雙方調查之結果，證明肇事者實係日人，中國無責任可言，故拒絕之，談判遂中斷。旋小幡提出最後讓步二款：

(1)日本政府用公文道歉，中國政府覆文，應聲明對於抵制日貨表示惋惜之意。

(2)日本政府給撫恤賠償金共二千元。

我外部謂懲兇一條不能删除，日使允於換文內加入懲儆善後之文句，北京政府承認之，遂於九年十一月十二日交換公文結案。

三　安福禍首之收容

中國親日派首領段祺瑞，徐樹錚等前假參戰名義，借債募兵。歐戰既終，此種名義已不適用，於是遂改參戰軍爲邊防軍。民國八年六七月間，北京政府任命段祺瑞爲邊防事務督辦，又任命徐樹錚爲西北籌邊使兼西北邊防總司令，又任命王揖唐爲北方議和總代表。時直系軍閥第三師師長吳佩孚駐防衡州，與南方軍政府岑春萱派通款曲，聞王揖唐充議和總代表之命令，卽通電反對。

嗣後南北和局無望，直皖兩系之暗鬭益烈。民國九年（一九二〇年）四月，吳佩孚率駐衡之軍隊，撤防北歸，遂致湘督張敬堯（段系）爲譚延闓趙恆惕等被迫而出走，因此段系軍閥對於吳佩孚及其上官曹錕深滋不滿。同年六月，曹錕聯合東三省巡閱使張作霖呈請北京徐世昌總統將西北籌邊使徐樹錚免職。徐總統以久苦段系專橫，竟於七月四日下令免徐樹錚之職。邊防辦督段祺瑞認徐氏之免職爲大辱，卽要求徐總統下令責罰曹吳。七月九日，曹吳同受處分；曹吳不服，雙方遂開戰。張作霖率兵入關調和，段徐不允，張卽加入曹吳方面作戰，人咸以直皖戰爭稱之。

當戰爭初起時，中外報紙皆宣傳日本政府訓令旅順艦隊動員，向天津進發，以援助中國之親日派段系軍閥；同時又以三井洋行名義借日金一百萬元予交通總長曾毓雋以充軍費。曹錕乃於七月十日致函北京公使團，請注意日本之行動。全國輿論對於段徐攻擊甚力。時段徐改編邊防軍爲定國軍，分五路向曹張攻擊；至七月二十日，定國軍完全失敗，段祺瑞自請褫職。

段系旣敗，北京遂由靳雲鵬組閣，列徐樹錚，曾毓雋，段芝貴，丁士源，朱深，王郅隆，梁鴻志，姚震，李思浩，姚國楨爲十大禍首，懸重賞以索之。其時駐京英美法意各國公使宣言使館界內不收容此等禍首，免遺中國將來之後患。然日本則以中國之親日派大遭摧殘，頗爲寒心；遂由駐京公使小幡將徐樹錚等相機收容，且認爲政治犯加以保護，並於八月九日以通牒知照北京外交部。我外交部要求引渡，爲日使拒絕，屢向交涉，皆歸無效。徐曾等禍首遂得從容逃逸。

四　琿春事件

朝鮮自被日本吞併後，韓人屢求自治權與平等待遇，皆不可得因。此紛紛遷入我國吉林邊境，從事墾務。至民國八九年間，韓人避居於該地之人數，已達二十五六萬之多。此等亡國遺民常思乘機起事，恢復故國。民國九年十月二日，韓國獨立黨人，由俄境雙城子方面，率同俄匪馬賊等約三百餘人，潛入琿春；先焚燒日本領事館，繼則焚燒日本街市而退。據日本方面之報告，是役日人死者十餘名，傷者十餘名，此卽爲琿春事件。

日本政府聞訊，除派大軍進入琿春外，並派軍隊進據和龍，延吉，東寧，寧安等五縣。軍隊實數，約在一萬人左右。至十月九日，駐京日使小幡，始訪外交總長顏惠慶，謂中國政府確定辦法，並要求日軍協助剿匪。顏外長當謂中國政府已明令責成地方官出兵保護日僑，取締韓匪，日本毋須出兵。小幡堅持己見，日軍繼續開入華境。

日軍開入華境之後，對於二十餘萬僑居於我國之韓民，與學校教會，及其國籍等，舉行極嚴格之檢查，凡查出與黨人稍有嫌疑關係者，則同村落之無辜韓民，同遭焚殺之慘劇，據韓國教徒安昌浩控訴日軍殘暴於羅馬法皇之電稱：『此次日軍焚燬韓人家宅一千餘戶，燒燬教會二十一處，學校七處，慘殺教徒二千一百餘名，華人二百餘名。』觀此可知日軍橫暴之情形矣。

依據清宣統元年中日間島協約之規定，中國政府有保護韓國僑民生命財產之義務。乃我國當局對於日軍之任意焚殺，並不敢援條約上之權利，與日本嚴重交涉；惟表示中國政府不承認日本之自由出兵而止。一方面由奉天吉林兩省派大兵赴延吉各縣，驅逐韓國黨人；一方以中國兵力可以維持序秩保護日僑為理由，要求日本撤兵。而日政府始以華兵加入韓匪為事實，欲藉此以重中國之責任。繼調查無實據，而奉吉軍隊抵延琿後，驅逐韓黨極為出力，事實上延琿全境已肅清；且調查所有馬賊之武器，皆由日方所供給。日本自知不便佔據此等土地，仍倣鄭家屯故事，於日兵所到之處，即設置日本警察署，然後日本軍隊始逐漸撤退。

五　華盛頓會議

歐戰既終，英人已大妬日本之獨霸中國，多方不平。巴黎和會，日本對中國之強橫情狀，悉數暴露。英法等國，徒以有密約在先，不能發言，然妬忿之心，已如烈火內燒，不能復遏。美國威爾遜總統恐其國際聯盟之計畫不能成立，乃不惜任何犧牲，故至如山東權利之讓與日本，亦貿然規訂於巴黎和約第一五六至一五八三條之中。其後卒因中國代表拒絕簽字，而美國上議院竟不批准此約，其他許多弱小國家亦皆不滿意巴黎和約之處置，於是轟動世界之巴黎和約，竟致根本動搖。而歐美各國，亦皆欲出其餘力以限制日本。乃於一九二一年（民國十年）夏，由美總統哈定以籌議限制海軍及調解遠東問題爲名，發起華盛頓會議（亦名太平洋會議，）邀請英法意中日等國參加。我國北京政府即派顏惠慶，顧維鈞，王寵惠，施肇基爲代表；時孫中山先生在廣東爲非常總統，北京政府請其派伍朝樞爲代表，共同參與會議，但顏伍皆未曾前往。至國民方面則公舉余日章等二人爲國民代表赴美，宣傳國民之意志以作政府之後援。

一九二一年十一月十六日午後，太平洋會議及遠東問題總委員會第一次會議，由我國代表施肇基提出關於中國問題之原則十條：

(1)(甲)各國約定尊重並信守中華民國之領土完全暨其政治上行政上之獨立。

(乙)中國自行準備聲明不將本國領土或沿海地方之任何部分割讓與租借與他國。

(2)中國因全完贊成所謂門戶開放主義，故準備接受該主義實施於中國全部，無有例外。

(3)爲欲增進相互間之信賴並維持太平洋及遠東之和平起見，各國允許除先期通知中國俾有機會參預外，彼此不締結直接影響中國或太平洋及遠東和平之條約或協定。

(4)各國在中國或對於中國要求之一切特別權利，特別利益，豁免權或成約，不問其性質或契約上之根據如何，均須宣布；凡此等要求或將來之要求未經宣布者均視爲無效。其已知及將宣布之權利特別利益，豁免權或成約當加以審查以便決定其範圍及效力；如經審定有效，當使與本會所宣布之原則相合。

(5)所有中國政治上司法上行政上行動自由之限制應即時取消，或於情形所許時從速廢止之。

(6)中國現有成約之無期限者，應添註合理且有定之限期。

(7)凡解釋讓與特別權利或特別利益之條文時，依公認解釋原則所謂絕對照讓與國利益解釋之方法辦理之。

(8)將來遇有戰事發生，如中國不參加者，中國處於中立國地位之一切權利應完全尊重。

(9)應訂立和平解決之條文，以便處理在太平洋及遠東之國際爭議。

(10)關於太平洋及遠東國際間諸問題，應預訂將來會議時期之條文，以便按期討論，俾簽約國得一決定共同政策之基礎。

以上十原則提出後，經大會歸納爲四條如下：

(1)尊重中國獨立主權及領土行政之完整。

(2)予中國以最好機會俾得自行發展，並維持有力之政府。

(3)用全力維持各國在中國之工商業機會均等原則。

(4)不得利用現狀營求特別權利或特別利益，致妨害友邦人民在中國之權利，並不得爲有害此等友邦人民安全之行動。

旋我國代表提出具體方案，即以巴黎和會所提各項條件，仍提出於華會會議。結果，列國撤消在華客郵；承認撤去外兵之原則，及外人之勢力範圍。英國允許退還威海衛而力持保留九龍租界。法國承認交還廣州灣。惟日本不允交還旅順大連。關稅則由中國實收五釐，另組織委員會籌備裁釐。列強並允派委員來華調查司法制度，以備取消領事裁判權。至山東問題，日雖誘脅在外交涉，我國堅持由大會主持，卒因歐美各國調停，訂立中日魯案條約二十八條，其主要者列后：

(1)日本應將前德國膠州租借地歸還中國。

(2)日本政府允將前德國膠州租借地所有公共財產，包括土地建築物工程或建設等，無論爲德國當局以前所有者，抑係日本於該地行政期中購得或建築者，均移交中國政府。惟前德國租借地公共財產，其爲日本領事館所需要者，應由日本政府保留，其爲日本公團，(包括公學校廟宇墓地，)之特殊利益者，應由各公團保留。

(3)現駐膠濟鐵路沿線及其支線之日本軍隊，包括憲兵，應於中國軍警前往護路時，卽行撤退。

(4)青島海關自本約發生效力時起，應成爲中國海關之完全部分。

(5)日本應將膠濟鐵路，及其支路，並各種附屬財產，包括碼頭倉庫及其他相類之財產，全數移交中國。

(6)中國自認將前條所述一切財產之實價償還日本。

(7)關於膠濟路兩延長線——即濟順，高徐兩線——之讓與權，應開放爲國際財團之公共活動，其條件由中國政府與該團商定之。

(8)中國以前讓與德國之淄川，坊子及金嶺鎮三處礦權，應移歸中國政府特別許可而組織之公司；該公司之日本資本不得超過中國資本。

(9)鹽業在中國爲政府專業，故特約定：凡日本臣民或日本公司在膠州灣沿岸確已享有之鹽業利益，應由中國政府以相當價格購回，其該岸所產之鹽，准以公允條件運往日本一定量數。

(10)日本政府聲明關於青島烟台間及青島上海間前德國海底電線之一切權利，名義及特權，悉歸中國所有，惟兩線中曾經日本政府用爲聯接青島佐世保間海電之部分不在此限。

(11)日本政府擔任將青島及濟南之日本無線電台，於日本軍隊自該兩地撤退時，以公允之償價移歸中國政府。

華盛頓會議終了後，中國政府卽於民國十一年三月三日特派王正廷督辦魯案善後事宜，以山東督軍田中玉兼任會辦，組織公署，專辦華盛頓會議條約所訂與日本之交涉。及六月二日中日正式換約後，又改派王正廷爲魯案中日聯合委員會委員長，並派唐在章爲聯合會第一部委員，勞之常等爲聯合會第二部委員，以與日本委員小幡酉吉，出淵勝次，秋山雅之介等協議關於青島行政及鐵路接收之條件。

魯案第一部細目協定，計正約二十八條，附約十項，於十二月一日簽字，十日接收。魯案第二部細目協定，計正約十八條，附件七項，於十二月五日簽字，民國十二年一月一日接收。其鐵路償價爲日金四千萬元，以國庫券照票面交付，年息六釐。尚有魯案未了各事，則於三月二十九日在青島簽字接收。久懸未決之魯案，至此始得大體解決。然二十一條在華會不能取消，關稅仍不能自主，斯則當時所視爲遺恨者。

六 親善運動

日本在華府會議，可謂大受打擊，如限制海軍案；及九國條約中禁止某一國引誘中國締結損害以前各國固有權利之規定；及中國不參加戰爭時，交戰國應尊重中國中立案；以至四國條約之發生以取消英日同盟等，無一非各國限制日本之手段。因此，日本頓陷於孤立之地位。當時日本朝野對於外交頗爲悲觀。而所謂日美對華經濟提攜政策，進行又不順利。故日本武人派雖仍主持對華侵略政策，然和平派主張排除中日惡感之論調則漸見得勢。因遂一轉而爲中日親善運動，日本以庚子賠款一部份舉辦對華文化事業一事，爲其最著者。

民國十二年三月二十日，東京衆議院通過議案撥一部份庚子賠款舉辦對華文化事業。此案發表後，中國教育部派朱念祖等至日本交涉該款用途事宜。同時國內學術界又推鄭貞文等赴日，交涉該款應用於舉辦純粹文化事業，如研究所圖書館等。十二月二十九三十一兩日及十三年一月八日，在日本外務省爲對華文化事業開非正式協議會，先由我國汪榮寶公使提出說帖一件作爲參考，旋與日方出淵局長交換意見之後，所有認爲彼此一致之意見大要如左：

(1)日本方面舉辦對華文化事業時，應將中國方面有識階級之代表的意見十分尊重。

(2)庚子賠款項下之資金主用於爲中國人所辦之文化事業，至對於日本在山東所已設學校病院及其他現時日本各團體在華經營之文化事業，其補助專就關係山東項下之資金支出之。

(3)在北京地方設立圖書館及人文科學研究所。

(4)在上海地方設立自然科學研究所。

(5)辦理前二項事業應支經費由委員會協商定之。

(6)將來庚子賠款項下資金有贏餘時，應再舉辦下開各事業。

（甲）就適當地點設立博物館。

（乙）在濟南地方設立醫科大學以病院附屬之。

（丙）在廣東地方設立醫學校及附屬病院。

（7）對於第三項至六項所開各事業設委員會總委員會設於北京，地方委員會設於各地，每委員會之人數規定中國方面十一人，日本方面十人由各政府委派，但須得對方政府之同意，於開會時由兩方委員協商互選中國委員一人爲委員長。

（8）北京圖書館及研究所之用地由中國政府免價撥給。

民國十四年五月四日，中國外交總長與日本駐華公使正式換文後，卽開始組織東方文化事業總委員會及上海委員會。中國政府派定柯紹忞，王樹枬，江庸，鄭貞文，湯中，鄧萃英等十一人爲北京總委員會委員；嚴智鍾，鄭貞文，文元模，伍連德，秦汾等十人爲上海分委員會委員。至日本派定之總委員會委員爲服部宇之吉，狩野直喜，入澤達吉，山崎直方，大河內正敏，堀義貴，瀨川淺之進，大內暢三等八人；上海委員會委員爲入澤達吉，山崎直方，大河內正敏，片山正夫，矢田七太郎，大內暢三等十八。

同年十月在北京開第一次總委員會，舉柯紹忞爲會長，討論章程，雙方意見未能一致。十五年春，日方大體依我方提出原案通過章程，並舉出鄧萃英，瀨川淺之進爲總務委員，江庸，大內暢三爲特別委員（關於建築事務），湯中爲圖書館籌備主任。

十五年十月在東京開第二次總委員會，討論事項如下：（甲）修改章程；（乙）定十五十六年度預算；（丙）劃分北京及上海之應辦事業及款項；（丁）議定北京研究事業爲（a）編纂四庫全書補遺；（b）編纂新字典；（c）編纂十三經注疏通檢。

同年十二月在上海開第一次上海委員會，舉嚴智鍾爲委員長，通過章程及研究所組織大綱，規定以中國人爲所長，研究生亦以中國人爲限。又通過十五十六年度預算，組織臨時事務委員會，以在滬之中日委員五人爲委員。又議定派遣東西洋留學經費及預備研究事項如下：（甲）漢藥研究；（乙）重力測定；（丙）揚子江水產之學理的調查；（丁）地學研究；（戊）天產無機物之相律研究；（巳）中國產醱酵菌類之研究；（庚）流行病地方病調查研究。

當時因留學費及預備研究經費劃分數目等問題，中日委員間頗有爭執，旋卽磋商妥協。是時國內學術界因東方文化事業委員會不能脫離日本外務省文化事業局而獨立，且上海委員會所議定之研究事項中之（丙）（戊）等項實含有侵略之意，故紛紛宣言反對。近復受政局影響，一切進行計畫均在停頓中。

七　六一慘案

民國十二年五月三十一日，長沙學生會聞商人有從日輪運到日貨將乘雨起岸事，卽派人在碼頭巡視，日領事田中據輪局報告將命日水兵登陸，經湖南交涉司楊宣誠勸阻始得了事。翌日（卽六月一日）上午，湖南外交後援會游行講演隊在碼頭講演，日艦伏見號水兵二十餘人卽上岸示威，並擊傷工人學生多人；午後又有日輪金陵丸到埠，日兵與學生又起衝突，卽招武裝日水兵登陸，中國巡警勸阻無效，旋卽向學生開槍射擊，當場擊斃二人，受重傷者七人，輕傷者三十餘人。

當晚七時，長沙外交後援會開緊急大會，議決罷市罷工罷課三天，對死者表示哀悼；並決定對日提出八條件，請省長向日領事交涉。六月二日，省務院政務會議決定以省政府名義通電全國，並分三方交涉：(一)通牒駐湘日領事；(二)電請北京外交部轉向駐京日公使交涉；(三)電請我國駐日公使向日政府抗議。

湖南省政府於三日向日抗議，除要求伏見號軍艦立卽離開外，尚有條件五項：(一)撤換日領事與艦長；(二)開槍日兵以軍法治罪；(三)水兵上岸侵我主權，須日政府向我國道歉；(四)撫卹死者傷者；(五)擔保以後不再發生此類事件。日領事於四日答復，措詞含混，除表示歉忱外，絲毫不得要領。同時北京外交部接湖南省政府之報告電後，亦卽與駐京日公使嚴重交涉。但日公使則藉口此爲中國當局不能阻止排日運動所致，不認負責，措詞與駐湘日領大致相同。

六月五日，湖南省政府宣告長沙戒嚴，並保護日僑。而日僑則藉口華人排日，紛紛停業，且將婦孺盡行移入軍艦；日領事亦將署中文卷移置艦上，並電請其政府派驅逐艦四艘來華，以壯聲威。

六月二十二日，長沙日僑又將江岸散步之我國小學生鍾振翩拘入領事署，誣以投石斷纜妨害日艦。交涉司聞訊卽派鄧承暐親赴日領署交涉，而日僑及領事已迫鍾生書立投石斷纜之字據，及鄧氏至，又被迫簽字證實鍾生之犯罪，拘留多時，鄧鍾二人始得釋出。

自六一慘案及此案發生後，我國民情極爲憤激，紛紛通電聲援。北京外交部，湖南省政府及駐日代使張元節先後皆曾向日方提出交涉。但我方專就長沙案件立論，而日方則將長沙案件與各地排日風潮混爲一談，不特不承認此案之責任，且更謀以排外之責任加諸中國。因此各方交涉，均不得要領。

八　日本之大地震

民國十二年九月一日，日本東京及橫濱等處發生大地震，傷害人命約三萬餘；產業損失約值一萬一千五百餘萬日金。此消息傳至中國，中國人民頓忘前仇，且本「救災恤鄰」

之古訓，表示熱誠的救助。北京政府卽於二日派員赴日使館慰問，三日閣議議決：(一)致電駐日代辦張元節調查實情並向日政府慰問；(二)致電神戶我國總領事急赴災區調查報告；(三)須發命令撥款二十萬專備賑恤之用；(四)命令各省長聯合紳商地方團體組織日災急賑大會，與政府一致進行；(五)派遣商船運送糧食藥品及紅十字會赴日。四日卽下兩令。新派駐日代辦施履本及湯爾和等先後赴日。上海招商局於七日派新銘輪運送糧食藥品赴日，誠爲各救濟船隻之最先開到者。而中國國內各地集會籌欵，亦頗熱心。中日兩國人民之感情，從此本可日趨融洽；然因地震時日人之慘殺華僑事，又引起我國人強烈之反感。

東京當地震時，日政府爲維持秩序起見，卽下戒嚴令。惟因當時警察稀少，且戒嚴司令部之軍隊亦未出動，地方秩序遂由所謂「青年團」者協同維持。惟「青年團」素富排外思想，且其中分子複雜，乘此時機，遂藉口有不逞韓人謀放火搗亂，大施其殘殺擄掠之技。我國留日學生之被監禁毆打者，無慮數十百人。共濟會會長王希天辦理華工事務，素爲日人所深嫉，地震後往大島等處慰問華工，被日本軍隊所害。

至我僑日華工之被害者，則為數尤多。蓋華工之在日本，為日人所深惡。民國十一年，日政府曾下驅逐之令。當地震前，被押回國者不下數十百人，故當地震起後，一般「青年團」團員，在鄉軍人以及警察等，大抵用刀劍棒鉤等兇器，肆意擊殺華工，甚有以甘言誘至空地而聚殲之者。據共濟會及回國華工之報告，其為狀之慘，誠不可言狀。當九月二日晚九時許，有日本浪人三百餘，手持槍械，擁至大島町八丁目華人客棧內，威迫華人將財帛儲藏處指出，並以計誘至棧外空地，佯言卽將地震，須臥地上，突將華工一百七十四人盡行槍斃。內僅一人以佯死得免。但此不過為大島一方面，此外若東京三阿島等地，蓋亦莫不如是。日人之殘暴，可以想見。

國內人士，聞訊極為憤慨，紛紛致電政府，要求向日嚴重交涉。外交總長顧維鈞旋卽向日政府提出謝罪，懲兇，撫恤等要求。九月二十日，我國政府又派王正廷，沈其昌，劉彥等赴日本實地調查。嗣後公文來往，屢經交涉，至民國十三年四月二十六日，日外部始照會我國駐日汪公使，向中政府道歉，惟否認撫卹等項。

九　日籍台民之横暴

自馬關條約成立後，日人在中國得享有治外法權。因此，日本浪人及日籍台灣遊民因有所恃，常在中國内地作種種不法行爲，屢起重大交涉。下述之廈門案件，即其一例。

民國十三年一月十九日晚，福建廈門忽發現盜匪三十餘人攻刼該埠後海墘陳姓杉木行，軍警馳至，匪徒擲彈奪路而遁，失贓六千餘元，而未獲一匪。廈門鎮守使臧致平遂於二十日發布特别戒嚴令，大舉檢查。此類盜匪，多屬台人。台人以臧氏堅持武力對待，恨之入骨，謀所以倒臧，遂暗與王獻臣勾結，願爲内應。臧軍聞之，搜查益急。台匪遂與王獻臣約於二月一日夜二時，王軍集高嶼（廈門對岸）以大炮遥擊廈門，台人聞聲即撲攻鎮守使署，王軍得乘亂搶渡。一日午後，臧軍偵探隊於甕菜河擊斃一抗拒檢查之台人；四時，台匪魁首陳龔掃於布袋街率黨徒十餘人與臧軍偵探隊戰，陳中三槍立斃。陳係廈門十餘年積匪，既被擊殺，人心稱快。是晚八時，臧軍又得台匪内應王獻臣之密訊，即下特别戒嚴令，並密佈機關槍；

及半夜，嵩嶼王軍以大炮向廈門遙擊，先後達十九炮，台匪不敢應。二日，台匪八十餘人與軍警衝突，斃台人二名，偵探一人。三日雙方在新馬路衝突，無死傷。台人志不得逞，乃慫慂日領向我當道交涉。

日領徇台民之請，一面電調軍艦至廈門；一面由正副領事偕日警長於二月四日同謁臧致平，當面提出要求三項：(一)撤換警察廳長；(二)緝捕兇犯；(三)優恤死傷。並聲明以二月十日為答覆滿限之期，如屆時無相當滿意之答復，即將自由行動云云。十日，臧氏派朱汴藻范熙績等為代表赴日領署由口頭答覆。大意謂撤換警察廳長，係中國內政，臧氏對於此條根本無答覆之必要。此次台籍人民因抗拒檢查凶器而被擊殺者，故對於此類台民之死傷，中國政府不負緝凶之責。至優恤一層則更談不到。

以上答覆日領認為不能滿意，二月十一日晨，遣河野清副領事再與臧致平交涉，不得要領。

十　無線電臺交涉

無線電台，爲國家交通事業之一種，應歸政府自辦，非可以此權讓與他國人也。而我國當局因一時借款關係，貿然將此經營之權祕密讓與日人，遂引起長期之糾紛焉。民國七年北京政府與日本三井洋行訂立無線電台借欵時，允許日人在中國單獨經營與歐美交通之無線電事業三十年。此約係祕密，故巴黎和會時，中日代表均未宣布。民國十年北京政府又與美國聯邦電報公司訂立合同，由中美合造一電台。日政府聞訊，卽向中國提出抗議。美政府以中日所訂合同，既屬祕密，又違背門戶開放主義，故亦不願退讓，雙方爭論頗烈。此案遂成懸案。

迨民國十三年八月十七日，美日兩國均因我國關稅會議即將召集，要求速決關於該兩國之無線電交涉。北京外交部旋於八月三十日照會美日兩使，提出中美日無線電交涉解決辦法，大旨爲電台改由中國自辦，由美日兩國監督；而以前借欵則由中政府發行債券，由美日代銷償還。

九月二十日，美使謁段執政，對於中國將無線電收回自辦之提議，表示不能承認。十月八日，日使答覆無線電案照會；容納中國所提之原則，但聲明合辦大電台須加入英法，另議確實可行辦法，且請從速批准試辦雙橋電台。

最近報紙上時有登載關於無線電臺交涉之消息，茲特摘錄二則如下：

(1)『據國民新聞所載，雙橋無線電局近可解決。日美英出資條件亦已決定，將由日美英出資新起借欵，作爲合辦組織。雙橋外尙欲在上海新設無線電台，其規模不能超越雙橋以上，並由日美派出監督管事等亦已決定。』（十六年八月八日上海時事新報）

(2)『雙橋及上海無線電台問題，糾纏五年，現據日人消息，兩國在北京華府兩地迭次交涉，大體決定：(一)承認中國國營主義；(二)雙橋上海兩無線電台實行交還；(三)雙橋台建設費八百萬元及將來滬台建築費均由英美法日四國借欵供給；(四)雙橋台局長屬日人，技師美人，滬台局長美人，技師日人。』（十六年八月十四日上海時事新報。）

觀上所述，可知久懸未決之無線電交涉案已可告一結束矣。

十一　五卅慘案之主因——顧正紅案

五卅慘案，爲外人對於中國民衆空前之大慘殺案，因其發生於民國十四年（一九二五年）五月三十日故名。然此慘案，實由顧正紅案所引起。五有十五日，上海日人因所辦之內外棉紗廠第十二廠工人罷工，藉口存紗不敷，停止第七廠工人工作，雙方爭執，日人遽開手槍，除傷者多名外，且擊死顧正紅一名。該廠工人四出求援。文治大學學生於二十三日出發募捐救濟停工工人，有二人爲捕房所捕。二十四日，各團體爲顧正紅在潭子灣開追悼會，上海大學學生前往參加，路經公共租界，又被捕去四人。於是學生會議決組織決心犧牲之演講隊，向租界出發演講。三十日下午，各學生結隊遊行，手持旗幟，傳單沿途分發演講；過南京路時，巡捕干涉，學生不服，巡捕先拘去學生數名，後見人衆擁擠於老閘捕房附近不散，捕遂開槍，當場擊傷數十人，斃命者四人，又捕去二十餘人。嗣後六月一日二日三日，又繼續慘殺捕拿。自五卅至以後各日，中國人之傷亡者，竟達百餘名之多。事變既起，全上海罷市，罷工，罷課，以圖援救。六月十一日，捕房所拘諸人，全體開釋，政府及地方同與交涉，並鄭重調查。後交涉移京，迭經停頓。結果惟公共租界總巡麥高雲與捕頭愛活孫免職，及上海會審公廨收回而已。

至顧正紅案，則由上海交涉員與日領事嚴重交涉，屢經磋商，至八月十二日始行解決。日本紗廠與工人訂定條件六款，大致為廠方將來承認依中國政府所頒工會條例所組織之工會有代表工人之權，罷工期內酌量發款協助，與中國紗廠協議一律增加工資，工資零數改給大洋，日人入廠不得攜帶武器，及優待工人，不得無故開除。並附件三項為日廠賠償工人傷亡費一萬元，撤退日員二人，及補助工人停工損失十萬元。

十二 關稅特別會議

我國自南京天津各條約訂定以來，關稅自主權即受一種束縛；此種束縛，完全以強凌弱之情勢出之，並非基於某種條件，或特種情狀之下者。五卅慘案發生後，我國民情極爲激昂，取消不平等條約之聲充滿全國。北京政府乘此時機，遂於六月二十四日照會駐京各使，根據民意，提議修改各項條約。各國政府對於我國民氣，不敢漠視，因將華會所訂九國間關於中國事件應適用各原則及政策之條約，及九國間關於中國關稅稅則之條約完全批准，於八月五日在華盛頓舉行存交手續，依照該約規定，即日發生效力。我國遂根據關稅公約，召集關稅會議。外交部於八月十八日照會美，法，意，比，日駐京各使及英，葡，荷蘭駐京代辦，九月十五日照會丹麥，西班牙駐京各使及瑞典駐京代辦；九月二十三日照會那威駐京公使。並聲明關稅特別會議，擬定於一九二五年（民國十四年）十月二十六日在北京開會。嗣經各國先後覆文允諾參與該項會議，並各將委員團銜名先後開送外交部關稅特別會議遂得在北京居仁堂如期開會。

當關稅特別會議開幕之際，中國代表即提下列關稅自主之案，原文如下：

查一九一九年巴黎和會中國代表團曾提出關稅自主問題；惟當時認爲不屬於和會

範圍，未加討論。迨一九二一年華府會議在遠東委員會第五次會議，中國代表以中國現行之約定關稅妨礙中國主權，違背國際間均等及互惠主義，重爲關稅自主及過渡辦法之提議。該委員會對於是項問題，雖經詳加討論，惜未能充分容納中國政府至今引爲遺憾，不得已而訂立一九二二年二月六日之關稅協定。故事前中國代表於一九二二年一月五日在遠東委員會第十七次會議席上曾宣言關稅自主問題，於將來適當機會時再行提出討論；同時並訂立九國協約，其第一條第一項卽首先聲明尊重中國之主權與獨立暨領土與行政之完整。茲中國政府重視各國尊重中國之主權與獨立之誠意，際此關稅特別會議討論關稅問題之時期，中國政府認爲一九二二年一月五日宣言所稱之適當機會已至。故特根據九國協約尊重中國主權完整之精神，並爲增進各友邦之睦誼起見，提出祛除關於稅則現行條約上之各種障礙，推行中國國定關稅定率條例（見附件），實行關稅自主之辦法如下：

（1）與議各國向中國政府正式聲明尊重關稅自主，並承認解除現行條約中關於關稅之一切束縛。

(2)中國政府允將裁廢釐金與國定關稅定率條例同時實行，但至遲不過民國十八年(一九二九年)一月一日。

(3)在未實行國定關稅定率條例以前，中國海關稅則照現行之值百抽五外，普通品加徵值百抽五之臨時附加稅，甲種奢侈品(卽菸酒)加徵值百抽三十之臨時附加稅，乙種奢侈品加徵值百抽二十之臨時附加稅。

(4)前項臨時附加稅應自條約簽字之日起三個月後卽行開始徵收。

(5)關於前四項問題，應於條約簽字之日起立卽發生效力。

附件

關稅定率條例(十四年十月二十四日公布)

第一條　外國貨品運進本國通商各口岸時，按照本條例所定課稅辦法徵收進口稅。

第二條　進口稅除煙酒及與國家專賣品同類另行規定外，其稅率最高爲值百抽四十，最低爲值百抽七·五，稅率表另定之。

第三條　從量稅品價格之訂定換算，或改正，以最近一年內之平均市價爲標準。

第四條　從價稅品之價格，依進口時當地之躉批市價定之。

第五條　進口稅遇有以其本國某種貨品依互惠條件協定者，其稅率從其協定。

第六條　本國貨品在外國受有較他國貨品不利益之待遇時，該外國之貨品得以政府命令指定於稅率表所列應收稅額外，加徵與其貨品價格同額以下之進口稅。

第七條　外國貨品在外國受輸出獎勵金之待遇時，該項貨品得以政府命令於稅率表所列應收稅額外，加徵與其獎勵金同額之進口稅。

第八條　遇有外國貨品故意貶價經政府認爲有擾動市場之虞時，得以命令於稅率表所列應收稅額外，加徵與其正當價格相當之稅金。

第九條　稅率表中未經列明之貨品，其稅率應比照稅率表中相類或近似之貨品定之。

第十條　左列各項物品，免徵進口稅。

1、遊歷本國之外國元首及其隨帶人員之物品。

2、駐在本國各國大使或公使之自用品及大使館或公使館之公用品。

3、政府輸入之槍礮子彈火藥爆發物及其他一切軍械。

4、爲救卹而購入或寄贈之物品。

5、商品樣本，但以合於作樣本用者爲限。

6、已輸出之本國物品，在三年以內復輸入而未變其性質及形狀者。

7、由本國出港船舶所載之物品，因該船舶遇險而載回者。

第十一條　左列各項物品在一年以內復出口者免徵進口稅，但須於進口時提繳與進口稅相當之保證金。

1、為加工而輸入之物品經核准有案者。

2、為修理而輸入之物品。

3、為研究學術而輸入之物品。

4、為作試驗品而輸入之物品。

第十二條　左列各項物品不准進口。

1、食鹽。

2、鴉片煙及吸鴉片煙用之器具，罌粟子，嗎啡，金丹，紅丸，白丸，及含有嗎啡鴉片或高根之藥丸等。

3、偽造變造或仿造之貨幣紙幣及其他有價證券。

4、有害公安或敗壞風俗之書籍圖畫雕刻及其他物品。

第十三條　左列各項物品，除由政府自行輸入外，不准進口。

槍礮子彈火藥爆發物及其他一切軍械。

第十四條　左列各項物品非經政府特准，不得進口。硝，綠酸鉀，硫磺粉，白鉛，鹽酸，硝酸，硫酸，黄燐，工用炸藥。

第十五條　左列各項物品以相當數量爲限，經政府核准註册之醫士藥商及化學家，依其用途考驗聯名具結後，報關查驗相符，方准進口。

嗎啡劑，高根及射藥針，斯托魏安洛因，司替尼，狄邊，⿰口乾喳，哈夕什，邦戈堪尼比司，印狄卡，鴉片酒精，鴉片劑，鴉片精，狄奥仁，及其他各物品爲鴉片高根所製成者。

第十六條　本條例施行日期另以命令公布之。

第十七條　民國六年十二月二十五日公布之國定稅率條例，自本條例施行之日，即行廢止。

菸酒進口稅條例

第一條　外國菸酒運進中國通商各口岸時，按照本條例所定課稅率，徵收進口稅。

第二條　菸酒進口稅率定爲値百抽五十至八十。

第三條　課稅價格之訂定換算或改正，以最近一年內之平均躉批市價爲標準。

第四條　本條例施行日期，以命令定之。

右案提出後，各國對於中國關稅自主原則，大體承認。唯於實行問題，各國互有異詞，而日美兩國猶有具體之表示。茲將日本代表之提案原文錄后：

余曾於第一次大會以便中國回復關稅自主權爲目的，提出具體的提案。復於本委員會第一次會議關於余之提案有所詳細說明，且更明確指示吾人所信以爲可行之案卽：(1)中國於一定期間內實行裁撤釐金後實施國定關稅條例。(2)在前項準備期間內，中國與關係國訂結新條約，此項條約卽關於關稅代易現行條約者，與國定關稅條例之實施同時實施之是也。

吾人之提案既單純且率直，而基於我國當回復關稅自主權所親歷之經驗，故以爲頗合於實際。

對於中國與列國現存條約中可認爲不平等之重要點有二：其一卽中國非改正條約不能變更其關稅率；其二卽關於關稅率中受片面的束縛也。在初期之日本關稅制度，亦有與此同一之束縛。日本爲除去前述第一層束縛於一八九四年與諸國締結新條約，該條約於五年後實施，其後有效至十二年間。而第二層束縛則至一九一一年改訂條約，乃獲除去。其間經過實有十七年之久。今照吾人之提案，則中國將上述兩層束縛作一次，且於短時期間除去之矣。

故余於代表日本全權提出本會議所應締結之條約基礎之下列各條項，以供委員會之考量焉。

第一條　除中國以外之各締約國茲敬謹宣言，承認中國具有自主國固有之權利，應享完全關稅自主之原則。

第二條　中國應按照下列條款所表明之辦法，恢復施行其關稅自主。

第三條　中國應立卽制定一國定稅率條例，並附以稅則表，須於三年之內及於中國所宣告廢除釐金時公布實行。

第四條 在上條所稱之過渡期內，中國得按照華盛頓條約第三條第二段所規定徵收進口貨物附加稅。

第五條 在此同一過渡期內，中國應與其他締約國分別議訂新條約，依兩方願意規定每種物品所適用之互惠的協定稅率，且此項條約應在一定期間內繼續有效。

第六條 第三條所稱之國定稅率條例，以關於各締約國而論，須與上條所稱之新條約同時實行。

第七條 應行議訂之新條約，應取銷中國與其他締約國所訂關稅事宜之現行條約。

右述日本代表提案中之第一條，雖承認我國有完全關稅自主之原則，然其中之第五六兩條，則用意頗爲陰險，擬將中國實行自主期限，無形延緩。至美國代表之提案則較日案稍爲率直;旋英國代表亦有提案,然多袒護日案之語。

同年十一月十九日關稅特別會議第二委員會開議,各國代表慣然於關稅自主爲獨立國家應有之權,依據國際平等之原則遂有承認中國關稅自主案之議決。其原文如左:

『本會議各國代表議決採用下列所擬關於關稅自主一條,以便連同以後協訂其他各項事件,加入本會議所簽訂之約。各締約國(中國在外)茲承認中國享受關稅自主之權利,允許解除各該國與中國現行各項條約中所包含之關稅束縛,並允許中國國定關稅定率條例於一九二九年一月一日發生效力。』

同時中國代表並有左之宣言:

『中華民國政府聲明裁撤釐金與中國關稅定率條例同時施行;並聲明於民國十八年一月一日(卽一九二九年一月一日),須將裁釐切實辦竣。』

民國十五年春,北京附近發生戰事,中國出席關稅會議代表王正廷等相繼離京,會議因之無形停頓。各國代表藉詞中國內亂,未有負責政府之前,不能繼續會議,因於七月三日為停止會議之宣言如下：

『出席中國關稅會議之各國代表，今早在荷蘭使館開會議決，一致真摯希望俟中國代表能正式出席與外國代表復行討論時，當立即繼續會議，特此宣言。』

上項宣言，雖不拒絕關會重開，然實含有宕延之意。北京政府知各國欲利用時機，冀圖推翻關稅自主案，因於七月十四日特派蔡廷幹，顧維鈞，顏惠慶等，為關稅特別會議全權委員，期與各國代表繼續開議。祇以已屆暑日，各國代表皆託詞避暑，且亦有回返其本國者；同時國內又有反對關會重開之言論，因此關會遂無形停頓。

民國十六年七月十七日，南京國民政府發出布告，定於本年九月一日為裁撤釐金之期，同時宣告關稅自主，先就蘇，皖，浙，閩，粵，桂六省境內實行。日本政府對於此舉，反對頗烈。嗣因南京政局發生變化，實行關稅自主之期又行展緩。夫關稅為一國財政之命脈，我國欲求國家財政之寬裕，國民經濟之發展，則非實行關稅自主不為功。深願我國當局注意及此，以謀關稅自主之早日實行焉。

十三　領事裁判權問題

外人在中國享有領事裁判權，肇始於中英締結之南京條約。嗣後美法日等相繼要求訂約，均得享有領事裁判權。此種制度在中國旣侵犯主權復擾亂司法系統，其有背於國際平等之原則甚明。前淸末葉亦知其害，曾爲撤廢之要求。一九二一年華盛頓會議開幕後，我國又向大會要求撤廢各國在中國之領事裁判權；大會因於十二月十日通過議決案，允於大會閉會後三個月內，組織調查委員會，從事調查。旋因各國意見不同，未能如期舉辦。迨五卅慘案發生後，我國取消不平等條約之聲，充滿全國。北京政府因於十四年六月二十四日照會駐京英，美，法，日，比，意，荷，葡，八國公使，要求取消領事裁判權。八國於九月四日答復我國，允派調查法權委員來華，從事調查。北京政府遂於是年十月二十日特派王寵惠，爲調查法權委員會全權代表，以便籌備一切。各國委員卽於十二月十八日以前先後來華。旋於民國十五年一月十二日在北京居仁堂正式開會。司法總長馬君武致祝詞云：

「本總長今日代表中華民國政府，歡迎各國調查法權委員，至爲欣幸，在此歡迎聲中，中國人民同時感謝貴各國政府之誠意，使領事裁判權由此可望早日廢除，而成爲歷史上之陳跡也。現世獨立大國，其猶有領事裁判權之特殊制度者，惟中國耳。此特殊之情形，中外人民，均蒙不便。故各方面之意嚮，皆以爲亟應改弦而更張。至主張廢除之理由，前者我國代表在巴黎和會及華盛頓會議，早有正式之宣言，無俟贅述。中國政府夙以廢除領事裁判權爲確定之政策，對於司法事務，次第改良，未嘗稍懈。二十年來，編訂法律，採用泰西學理，繼續進行。其已公布之法典，已有數種；編纂事業，行將完竣。至法院之編制，力求完美，法官之任命，則以有經驗之法學者爲之。國中多處監獄，皆採新式。凡我國改良司法之誠意，事實具在，必能邀貴委員會之亮察者也。貴委員會將來之報告及提案，本總長未便預爲臆測，惟有一顯著之事，足令吾人注意者，卽領事裁判權已成爲不合時宜之制度，而我國人民應國際之新精神，必能努力以蘄達其正當之目的，殆無疑也。謹祝貴委員會之成功，使中外人民之諒解，益加進步，國際間之交誼，更增鞏固」等語。

日本委員日置益答云：『本委員今代表到會各委員，答復馬司法總長之祝詞，至爲榮幸。本會職務甚爲重大，各國委員之以今日開會爲欣幸，猶貴總長之以爲欣幸也。各國委員應召而來，會係根據一九二二年之華盛頓會議議決案。各國政府對於在華領事裁判權問題，至爲關切，已有年矣。各國委員以爲領事裁判權之初入中國，本爲便利中外關係之暫時辦法。故領事裁判權發生之原因銷滅時，領事裁判權當然卽行廢止。委員等頃聞貴國二十年來司法制度之改良，以爲凡中國之進步，皆各國之所樂聞者也。中國人民熱心主張廢除領事裁判權，委員等甚爲諒解，極望此次之調查，能使各委員得表示如何可以從速達到此重要之目的。各委員集合於此，皆抱共同之志願，蓋以最善之意及友誼公平協助之精神進行會務。各委員賴中國政府盡力之襄助，予以調查之資料，及其他之便利，必能製成公平及具體辦法之報告，此委員等所深信不疑者也。』等語。

此委員會開會後，旋卽分赴京外各處實地調查，至六月二十二日，調查完畢，復開會於居仁堂。七月一日各國委員起草報告書，共分三項：(1)關於中國法典之報告；(2)調查各省司法之報告(3)對於領事裁判權之意見。迨九月十六日各國委員開末次會議於居仁堂，其調查報告經英法等國委員作最後之修正，計分四章：(1)中華民國領事裁判權之現狀；(2)中華民國法律制度之現狀；(3)中華民國司法制度之現狀；(4)各國對於中華民國司法制度之勸告。由各國委員全體簽字，我國委員王寵惠提出撤消領事裁判權之意見書，各國委員表示贊同。惟各國委員對於撤消領事裁判權之實行，以爲須待軍閥干涉司法之種種越規行動消滅，法庭完全獨立後方可進行。而文件之正式公佈，則須待各國委員將報告書攜回各本國協議決定以後。乃迄今年餘，各國皆無撤廢領事裁判權之表示，一味宕延，毫無誠意之可言。要知此種制度，不惟不便於中國，且亦不便於外國，各國政府應即毅然決然自行撤廢，則中外邦交定能益加親善也。

十四　南滿出兵問題

民國以來，內亂頻仍，各國雖曾有以款械接濟國內軍閥之舉，然未嘗有公然出兵以實行干涉者。迨民國十四年冬，郭松齡倒戈反奉日本遂公然出兵南滿實行干涉矣。

郭松齡係張作霖部下健將之一，與李景林同屬「大學系」頗有聯絡；而對於楊宇霆，姜登選等「士官派」，深滋不慊。十三年榆關戰役，郭頗有功，而事後論功行賞，楊姜李輩均開府兼圻，郭獨不及，中懷怨憤，可想而知。翌年東南事起，楊姜不戰而走，郭遂以爲時機已至，力主東南事應由楊姜負責，反對北方對馮作戰，且於十一月二十二日在灤州發出通電，請張作霖息戰下野，以政權交張學良；並聲明班師出關，倡導和平。

郭軍出關，連戰皆勝，聲勢頗爲浩大，奉張地位，岌岌可危。夫東北軍閥，久已在日本卵翼之下，際此禍起蕭牆，日人安有坐視之理？故日本駐屯軍第十師團司令部卽於十二月九日由遼陽移入奉天省城。十五日日本閣議最後之決定，調遣駐朝鮮龍山之軍隊向滿洲出發。十九日，日本增防軍隊到達奉天，且阻郭松齡入營口，聲明華軍入南滿鐵路附屬地二十里。概須繳械。郭松齡向駐京日使提出抗議，並向外交團全體質問，萬一發生騷擾，危及外人生命財產，誰負其責？

是時國內民情激昂，紛紛致電外交部，請速與日使交涉，並致電駐日公使迅向日外務省提出抗議。乃日本政府對於郭松齡之抗議，與中國人民之反對置若罔聞。迨郭軍遼河戰敗，郭松齡夫婦受戮後，日河合參謀長始於十二月二十六日奏准日皇，電令關東軍司令官撤兵。朝鮮部隊步兵二營，礮兵二連，均限於年內撤回原駐地點；由久留米第十二師所派遣之部隊，亦限於十五年新正撤回；白川司令官亦聲明撤廢南滿鐵路沿線警備區域。

夫南滿係我國之領土，並非日本之屬地，此次日本出兵干涉我內亂，侵犯我主權，其無理已極。乃北京政府對日此舉未聞有強硬之抗議，誠不可解。當時國內人民，憤不可遏，紛紛作反日之運動，以冀日人之及早覺悟焉。

十五　大沽事件

南滿日兵甫撤，大沽事件又起。當民國十五年春國民軍既佔領京津，深恐奉方利用渤海艦隊，進襲大沽，遂於三月八日晚起，在大沽口埋水雷，實行封鎖，禁止通航。英日領事即向國方鹿鍾麟提出抗議；交涉結果，由鹿氏規定外輪出入辦法三條：(1)外輪進海口時，必須有一引港船爲之前驅，此引港船行近礮臺時，須吹哨爲號，向國軍示意。(2)外輪出入，必須懸掛其本國國旗，不可淆亂。(3)入口外輪中之華人，經國軍一度檢查，方許通過。而外交團聞大沽封鎖之訊，卽於十日由領袖荷使歐登科向北京外交部提出抗議；同時並電令天津，奉天，濟南三處領袖總領事，分向鹿鍾麟，張作霖，張宗昌提出同樣之抗議。

大沽口封鎖交涉尙未解決，日本急以護僑爲名，由旅順調遣藤，萩，蔦，吹雪四驅逐艦來津。日領事要求免查，事前預爲約定於十二日上午十時藤號一艦入口及懸C字旗號。乃十二晨此預約之藤號一艦並未准時開到；至下午三時，始有藤及吹雪兩艦駛經大沽礮臺，守兵發空槍令其緩行，日艦不應，反以機關槍還擊，守兵疑係奉艦，始以實彈槍還擊，日艦乃退。此事發生後，鹿鍾麟卽將經過情形報告於北京政府。其報告書云：

『今日下午日本兵艦二艘，不聽命令，强行入口，我方施以警告，彼卽以機關槍迎擊，勢甚凶惡，幸潮水大落，彼遂退出。當經我方向日領嚴重抗議，何以不遵照雙方協定辦法，强行入口，且以機關槍射擊，所有損失，俟查明後，日本應負完全責任。當晚日領亦來抗議，謂我向其兵艦開礮，彼始還擊，且有日人受傷等語。我方據理力爭，並未先行開礮，且已查明我方受傷約有十四名之多，談判至夜深二時始散。日領云，從前種種暫不問，應就目前現象妥籌完善辦法，以免再生誤會，當由我方允派譯員一人，軍官一名爲代表，偕同日領明日馳往大沽口，就地商籌將來船隻通行辦法，結果如何，容再報告云云。』

日使芳澤卽於十四日向北京外交部提出抗議，外交部根據鹿氏報告卽行駁覆。乃北京公使團受日使之疏通，突於十六日下午四時由領袖荷使代表英美法日意荷西比八國將送達大沽雙方軍事當局之最後通牒照會外交部，略謂：『十日之抗議未獲效果，列國爲維持辛丑條約所規定自京至海口自由之交通及國際貿易之一般條約權利，提出以下之要求。(1)所有自大沽口至天津一帶之戰事，必須停止。(2)所有地雷及其他障礙物，必須撤去。(3)所有航行之標號，亟須恢復，不得再有蔑視。(4)所有作戰之船隻，必須駐泊大沽口外，不准干涉外國之航船。(5)除海關官吏外，應停止對於外國船隻之一切檢查。倘於三月十八日正午，關於以上各點不能得一滿意之保障，則關係各國海軍當局，決採取所認爲必要之手段，以除去其阻礙天津與海濱間之航行自由及安全上一切障礙，或其他之禁止與壓迫云。』

同日（十六日），日政府又訓令駐京日使單獨向中國提出謝罪，懲戒，賠償等要求。

十八日，外交部答復八國最後之通牒，略謂正在設法消弭戰事，恢復由京通海交通之自由。各國通牒超越辛丑條約範圍，不能認爲適當。該牒各條應由地方軍事長官與駐津各國海軍司令妥商，勿取急切措置。而國奉雙方軍事當局鹿鍾麟，畢庶澄等已於十七日向外艦表示承認使團所提之五條件，故此重大交涉卽行了結。至日艦礮轟大沽礮臺案，旋移天津就地解決。

夫辛丑條約係不平等條約也。外人爲大沽事乃復根據此約以恫嚇我政府，其侮辱我也甚矣。北京各界因於十八日在天安門開國民大會，對外作嚴重之表示；散會後民衆遂赴執政府請願，而爲守衛兵士槍殺多人，此卽所謂「三一八慘案」是也。

十六　商約之修訂

中國舊時所訂商約，均受片面協定之束縛，故欲去除束縛，非先修訂舊約不可。查中日通商行船條約，訂於清光緒二十二年（一八九六年），關於該約時效，載於第二十六款，內云：『此次所定稅則及此約內關涉通商各條款，日後如有一國再欲重修，由換約之日起，以十年爲限，期滿後須於六個月之內知照酌量更改；若兩國彼此均未聲明更改，則條款稅則仍照前辦理，復俟十年再行更改，以後均照此限此式辦理。』迨民國十五年十月北京外交部以十年修訂之期已屆，遂與日本商議改以採用相互平等尊重領土主權主義，在六個月內重訂新約。茲將來往文件錄后。

(1)外交部致駐京日本使館照會　中日邦交向極親密，中國政府爲欲使親密之邦交，益加鞏固起見，以爲光緒二十二年六月十一日所訂中日通商行船條約並附屬文件，以及光緒二十二年九月十三日所訂附屬前約之公立文憑，應即按照條約規定，加以修改。

查該約第二十六款明定此次所訂稅則及約內各款，日後如有一國欲再重修，由換約之日起，以十年爲限，期滿後須於六個月之內知照酌量更改等語。該約係於光緒二十二年九月十四日互換，至本年十月二十日（卽本日）又屆期滿。中國政府因此特向貴國政府提議，將光緒二十二年六月十一日之中日通商行船條約並附屬文件以及公立文憑一律根本改訂。至光緒二十九年八月十八日訂立之通商行船條約續約及其附屬文件章程，旣係續約性質，根據該約第九條自應與正約一倂根本改訂。查中日通商行船條約，訂立已經三十年之久，在此長時期間，兩國經濟商務及人民間關係，已不知幾經變遷，以此年代久遠之約，支配兩國間屢經變遷之經濟商務及人民關係，自多不適宜而滋生困難之處，證之近年經歷，尤見顯然。故中國政府對於前述各約照現行之方式，實希望不再繼續，而願卽進行根本改訂事宜，以圖增進兩國公共利益。此次修改條約於貴國親善之前途，關係綦重。中國政府深冀貴國政府能順應近年國際進步之潮流，幷滿足中國人民之願望，根據平等相互之原則，以確立中日邦交與夫兩國人民親善之新基礎。按照約文規定，期滿後六個月爲修約期間，中國政府深冀從速開議，於此六個月完成新約。假使修約期滿，而新約尚未成立，則屆時中國政府不得不決定對於舊約之態度而宣示之。因此中國政府關於此點，茲須聲明保留其應有之權利，總之中國與日本同洲鄰國，睦誼素敦，彼此人民關係更較深切。此次提議根本改訂前述各約，又專爲謀增進兩國之親善，故敢信貴國政府對於中國政府提議，必能完全贊同，並望貴國政府與中國政府推誠商榷，努力進行，俾於最短期內完成雙方滿意之新約，而立兩國誠心親善之基礎。除訓令駐東京汪公使照會貴國政府外，相應備文照會貴公使查照，即希轉達貴國政府爲荷，須至照會者。（民國十五年十月二十日。）

（2）十一月十一日，日本公使覆外交部節略（a）帝國政府接到外交部十月二十日公文，提議改訂明治二十九年七月二十一日簽字之中日通商行船條約及附屬文件，暨明治三十六年十月八日簽字之通商航行續約及附屬文件，已加以愼重研究。（b）外交部公文首先表明此次提議，係專出於圖謀增進中日親善之目的，帝國政府固已知之，對於其目的深表同感。爲謀貫徹中國正當國民之宿望起見，擬與以一切適當之援助，早經定爲方針，並已一再宣布。兩國重要利害關係相同之處極多，中國如能內享和平善政，外與列強爲伍，占有適當之地位，日本國民之欣快無逾於此。（C）外交部公文中援用明治二十九年中日通商航行條約第二十六條爲根據規定以英文之正文爲標準，茲將譯文錄下：

「締約國之一方，自本條約批准交換之日起十個年終了時，得要求改正稅則及此約內關於交通商業之條款。然若自最初之十個年起算在六個月之內兩締約國無論由何一方未提議其要求，且於改正未成立時，則本條約並稅則自前十個年終日起算仍照現狀十個年間繼續有效。而其後每十個年期間終了時亦遵此例。（d）帝國政府根據本條約之規定，欣然允諾外交部之請求爲改訂稅率及明治二十九年條約之通商條款，與中國政府開始商議，並無異議。（e）一面查上述外交部公文中有數段令人推測有於稅率及明治二十九年條約之通商條款而外，涉及上述各條約及附屬文件之全部提議根本修正之意。似此廣汎之改約要求，在中日間現行條約規定內未見有可加以想像或承認者。（f）但日本政府無將行將開始商議之範圍，限於明治二十九年條約第二十六條所定事項之意思，即對於該事項以外之條約改訂問題，帝國政府在法理論上雖保持其自己之主張，但亦願以同情考量中國政府之希望，深信中國政府亦能以互讓之意報之。（g）再外交部公文中有引起帝國政府注意之一節，卽六個月內新約尙未成立時，中國政府不得不決定其對於舊約之態度而宣示之，因此中國政府關於此點，茲須聲明保留其應有之權利云云。帝國政府對於似此之保留字句，不禁失望，今欲期望此事商議之成功，必須互相信賴互相讓步，而上文所暗示之意義，認爲與精神不副。總之，帝國政府當此應允改訂中日條約之提議時，初不含有默認如外交部公文中所保留何等中國權利之意，可率直言明之。

十六年一月十七日，外交總長顧維鈞對於改訂中日商約事件，根據去年十月及十一月間中日往來公文，以書面正式通告日使芳澤，請於本月二十一日舉行交涉開幕典禮，經日使答覆允諾。屆期卽舉行開幕典禮，顧維鈞致開幕詞，略謂希望以平等相互原則爲基礎之新約，得以友誼之協作早日成立云云。嗣後屢次會議，討論中國豫先提出之關稅自主案，先就過渡辦法中之各問題交換意見，次及二・五附稅，旋因日方提出關稅互惠協定及最惠國待遇，雙方意見相去甚遠，會議卽行停頓。七月二十一日，北京政府閣議議决修約會議延長三月。九月二十一日，芳澤赴外部謁王蔭泰談修約事，雙方協議撇開最惠國問題，派專門委員先討論其他各項問題，以便易於進行。專門委員業已派定，中方爲唐在章，日方爲重光一等書記官。修約會議，近復繼續進行矣。

十七　寧案交涉

國民革命軍自去年（民國十五年）七月間由廣東出發以來，節節勝利，湘鄂贛閩浙等省，先後底定。本年三月二十四日國民軍攻入南京時，有魯軍敗兵及反動份子乘機搶掠各國領事館及外僑住宅之事發生，而下關英美軍艦且開礮轟擊，遂釀成重大之交涉。

當日程潛軍長到南京後，卽一面鎮壓兵士暴行，一面致函外領道歉。國民軍總司令蔣介石復派李石民爲南京交涉員，於二十七日代表蔣氏訪問日領道歉。蔣氏本人則於三十日在上海向外人聲明：寧案已擬定辦法，將組織委員會公開調查，如擾事者確爲黨軍或與有關者，當然願負全責解決，依法究辦。至不向中國通知而逕發礮二百餘響，自係另一事，應由英美負責，不日當另提抗議云。

四月一日，國民政府外交部陳友仁特發表對南京事件之宣言，文云：『最近南京發生之事件，已有委員會正在從事調查，茲據該委員會初期報告，足以確定一顯著之事實。蓋南京之騷擾事件，實為反動派反革命派之所為，彼等乘北軍潰敗秩序未復之際，煽動各方流氓，對於城內外僑有襲擊及刼掠之行動。當程軍長部下之軍隊尚未將南京秩序安全恢復之際，英美日本諸國之領署已被襲擊，並不幸有傷害外僑生命掠奪財產情事。程軍長於三月二十四日進城後，參加刼掠外僑之暴徒多人，即由程軍長下令處決。據報告此項騷擾中，外人受傷者六人，死亡者約自四人至六人；而與華人方面被害人數相較，則約略可得一比例，即外人之被死傷者一人，適當華人死傷於英美兵艦之轟擊者百人以上。國民政府一方深痛惡於南京之騷擾行為，至英國及其他領事館之被襲擊，並表示甚深之歉意於外僑生命之傷亡，及英國領事與其他外人之被傷；一方對於英美兵艦礮擊戶口繁多的南京之舉，特提出嚴重之抗議。」

駐北京英，美，日，法，意五國公使自寧案發生後，連日開會討論，準備提出通牒。至四月九日五使會議方告結束，當日議定卽將通牒拍往滬漢兩處着五國駐兩地領事分向蔣介石，陳友仁附送。蓋各國認蔣爲直接負責之軍事當局，而陳則國民政府之外交當局，故同時由滬漢兩地領事，於十一日正式送達。通牒內所提要求條件有三：（1）對於殺戮傷害侮辱及物質上之損害負責任之軍隊指揮官及關係者，應適當處罰。（2）國民軍總司令應以書面道歉，書中應含有將來對於外人生命財產無論以任何形式，均不爲侵害騷擾之明白約定。（3）殺傷及損害之完全賠償。末謂國民黨當局應速表示對於前項條件之允諾之意，苟非使關係政府滿意，則各國政府不得不取適當之手段云云。

陳友仁自接五使抗議通牒後，卽於十四日一一分別答覆，措詞軟硬程度各有不同。各國當局得此答覆後，均認爲不滿意。北京英，美，日，法，意五使，連日在日使館會議，討論辦法，擬提二次抗議；嗣因各國意見不同，未能一致，而此案遂行擱置。

十八　山東出兵問題

國民軍自得南京後，卽繼續渡江北伐。未幾，蚌埠徐州又相繼克復，且攻入山東境內。華北形勢頓形緊張；英美日法等國紛紛增兵京津，而日本則更派兵至青島後復藉口保護日僑，進駐濟南。

當國民軍北伐節節勝利之時，日本田中內閣適於四月二十日宣布成立。田中爲日本之軍閥政治家，對華素主張援助北洋派軍閥以謀貫澈其侵略政策者。五月二十七日。日本閣議通過出兵山東。田中在國際間發表出兵之聲明書如下：

『茲徵於中國最近之動亂，尤其徵於南京漢口及其他地方事件之實績，當兵亂之際，因中國官憲不得充分保護，致僑居之帝國臣民之生命財產，蒙重大之危害，甚至見毀損帝國名譽之暴動。因而現下華北動亂切迫之際，難保無再發生此種事件之虞。今也，前述動亂行將波及濟南地方，就僑居該地帝國臣民生命財產之安全，危懼之念有不能措者。帝國臣民居住該地者達二千名之多數，而該地爲去海岸甚遠之腹地，到底不能依長江沿岸各地之海軍力以保護之。因此在帝國政府爲豫防不祥事件再發起見，至不得不以陸兵保護僑居邦人之生命財產。然爲前述保護派兵之布置，須要相當之時日，而顧戰局正在刻刻變化，故應急措置，決卽自駐滿洲部隊派遣約二千之兵於青島。前述依陸軍力之保護，固不外爲期僑居邦人之安全，自衞上不得已之緊急措置，不惟對於中國及其人民無何等非友交的意圖，而對於南北軍任何方之軍隊，亦非干涉其作戰妨害其軍事行動者。帝國政府雖如此因自衞上不得已之措置而派兵，但自始無長久駐屯之意圖；至對於該地方之僑居邦人無受戰亂之憂之虞，當卽將派遣軍全部撤退。」

五月三十日日本出兵通知送達北京外交部，六月一日外交部向日使館提出抗議文云：

「迭據駐日張代辦報告，日本政府決定出兵中國北方，數約二千名；并准山東張總司令電稱：「據青島防守司令及商埠局電呈，准駐青日本總領事面告，日本政府擬派陸軍二千，於五月卅一日開抵青島，察看情形，再赴濟南等情。查山東內部，極稱安靜，關於保護各國僑商，迭飭妥爲辦理。近數年來，青濟僑商實無因我國軍事影響稍有妨害其生命財產之事；況濟南青島與上海漢口等處有租界者截然不同。乃日本政府突然派兵來華，不惟侵犯中國主權，且易引起人民誤會。除派員就地交涉外，請向日使提出嚴重抗議，務使完全取消」各等語。正核辦間，續准貴公使來部，來稱「本國政府爲保護僑民起見，特派軍隊赴青島，如有必要，並擬進駐濟南，事平立卽撤回」等因。當以「此種踰越尋常之行動，實無理由，中國政府礙難緘默」等語奉告貴公使在案。查青島地方，自照華府會議協定交還以來，係屬完全中國領土，義應切實尊重。且自貴國軍隊撤退以後，地方官維持治安，不遺餘力，外僑生命財產，無不備受保護。近年雖各省時有軍事，而在魯外僑從來未受絲毫影響，殊無派兵保護必要。此次貴國政府不先徵求中國政府同意，突然派兵來青，且欲相機赴濟南，不能不認爲違背條約，侵犯主權之行動，至深遺憾！現在山東地方民情已甚憤激，倘因此引起全國人民之誤會，中國政府不能負此責任也。爲此提正式抗議，照會貴公使查照，請卽迅予轉達貴國政府，中止派兵赴青，其已開到該埠者，應令勿遽登岸，從速折回，免引起糾紛，而影響於兩國現有親睦之邦交，切盼見復爲荷！』

南京國民政府外交部自得日本出兵山東之訊後，即致電日本外務省抗議，原文如下：

『貴國此次出兵山東，聲明理由爲保護該地之日本僑民生命財產。查山東日僑生命財產有無危險，僅屬懸揣。國民政府遷都南京以來，迭次宣言，對於外人生命財產，按照國際公法竭力保護。乃本政府軍隊征伐軍閥將到山東境內之時，貴國政府突有派兵山東之舉，於公法上既毫無根據，於本國領土主權復有妨害，本政府不得不提出嚴重抗議，并聲明：如因此發生意外事故，貴國政府應負完全責任。年來中日兩國國民感情日臻融洽，倘由此次舉動，頓起種種疑惑，足爲好感之障礙，殊屬可惜！應請貴國政府將已派出之軍隊即日撤退，是所切盼！』

六月九日，日使館答復北京外交部之抗議，大意謂：邇來中國動亂漸益熾盛，中國政府不能充分保護外僑之生命財產，故日本政府於保護僑民生命財產所必要之程度及必要期間內，不能不取相當自衛之手段云云。七月七日，在青日兵奉政府命令開始向濟南運送；而日本政府復決由大連派遣第八旅約四千人至青增防。日兵在青恃勢橫行，目空一切。二十二日有一日水兵乘車而不按定章給資，遂起爭執，車夫被打倒地，附近華警前來調解，又被日兵用刀刺傷。未幾，日本武裝陸戰隊約五六十人又趕至警察分所將器具搗毀，槍械奪去，並刺傷警察數名。當時該地我國人民，見此暴行，極爲憤慨，要求當局向日領事嚴重交涉。交涉結果日方允懲罰行兇日兵，幷向青島當局道歉；被毀警所物件，照値賠償；受傷車夫及巡警醫藥費由日方支付，此案遂了。

夫青島濟南，係我國完全之領土，日本殊無駐兵之理由。故自日兵在青登陸以後，國內民情極爲憤激。南北外交當局一再向日抗議，而上海廣州等處之民衆又頻作反日運動。卽在日本，亦有許多人不贊成田中此次之舉動者。田中鑒於內外空氣不佳，遂決將青濟日兵撤回，撤兵聲明書於八月三十日送達我國外部。惟該聲明書內有謂：『將來日本爲不得已而施行機宜自衛之措置等語，』實含有預爲將來再行派兵地步之意。關於此點，我外交當局業已正式通知日方，表示決難承認矣。

十九　最近之滿蒙交涉

日人在滿洲之行動，已於上文述其梗概，近則益趨於積極。田中首相於六月間召集東方會議，討論對華政策，駐華公使芳澤，關東長官兒玉，南滿鐵道社長廣安，以及駐上海總領事矢田，駐奉天總領事吉田等，皆被召回國參預會議。此會議於六月二十七日開幕，至七月七日閉會。在此會期中所討論者，有對華投資問題，出兵問題，修約問題，及滿蒙問題等；而以滿蒙問題為最注重。

東方會議閉幕後，吉田，矢田，兒玉等卽行回華，積極進行侵略政策。關於南滿商租權問題，及中國自築之打虎山通遼間之打通路，與吉林海龍間之吉海路，皆於七月間由奉天日總領吉田與奉省長交涉。而臨江設領風波，所關尤大，誠為國際間不易輕見之異常舉動。查臨江為奉天邊道所轄，在鴨綠江之東北端，與安東縣之在西南端，成為一線，與朝鮮正為一衣帶水之隔。向來有朝鮮人過江承墾地畝，尙屬相安。地非商埠，本無准許外人設置領事館之可能。日本久有設置領事之議，迭經中國拒絕，亦未成爲事實。至七月日本乃決定見諸實行，外務省已派安東總領事館副領事田中作爲臨江分館主任，將往開辦領館。中國民衆聞之極爲反對，特組成拒絕日領團。二十六七日左右，風潮甚大。北京外交部，因日本擅在臨江設置領事，一再向日代使交涉。日代使聲言臨江設領係日政府既定政策，礙難撤銷，且於八月一日反向外交部要求通知奉天當局鎮壓臨民勿反對設領。田中作即於二日過江強制執行職務。

八月初，芳澤離日來華，先赴寧磋商要公，後轉大連參預會議。大連會議，即係執行東方會議之滿蒙積極政策者。此會議旋改在旅順舉行，列席者爲芳澤，兒玉，吉田，奉張顧問松井與町野，及重要之日資本家。其議定辦法，據大公報載有三點：(1)日本應要求擴張對京張鐵路之某種權利，凡東三省中國自辦鐵路認爲於日本利益有衝突者，應干涉之，不許建造，如打通路吉海路等是也。(2)日本應將朝鮮等等三銀行合併爲一，厚集資本，要求奉方委其整理奉票，以便根本的救濟東三省財政金融。(3)日本應醵集鉅額資本，設一大規模之鐵工廠，包攬東三省應需路軌及工業用鋼鐵材料。

八月二十一日，芳澤離大連回京。而數月爭持之臨江設領問題，亦已告一段落。奉天日領與奉省當局磋商結果，議定臨江日領日兵均撤回，臨人亦停止排日運動，將來應否設領問題，則待中日外交當局日後商議再決。

東三省人民因日本積極侵略，反對甚烈：八月二十三本溪湖日兵又有慘殺工人之舉，羣情益爲憤激。芳澤在京屢促奉方開議，以謀解決滿蒙問題。八月二十八日，楊宇霆訪芳澤，商議對滿蒙一般交涉，交涉卽自茲開始。據時事新報九月八日所載日方提出之要求條件，最要者爲(1)吉會等六路之建築權；(2)吉黑兩省之森林經營權；(3)實行二十一條中之土地商租權；(4)取消中國所築之打通吉海兩路；(5)取消滿蒙日僑之治外法權，交換內地雜居權。

當交涉進行時，國人紛紛通電表示反日，楊宇霆氏鑒於民情之激昂，及日方要求之酷刻，不敢負責進行，故交涉遂行停頓。近日報載日使芳澤又有再向北京政府提議重開滿蒙交涉會議之說。國人對此，憤慨異常。國民政府外交部長伍朝樞，特於日前代表全國民意，致函芳澤公使提出嚴重抗議。茲錄其原文如下：

「爲照會事：本部長疊接各處團體代表詢問日本帝國政府對華，尤其是對於滿蒙，似定有新政策，是以不得不照會貴公使，煩轉達貴國政府爲荷。據報告日本新內閣首相田中男爵所發表之積極政策，殊足令人焦灼。此種政策，似爲對於中國行經濟及政治上帝國主義之新政策，而以對東三省蒙古爲尤急。貴國政府似已提出，並向北方軍閥之僞政府，祕密曖昧協商廣大之鐵路讓與權，日本在內地之自由雜居權，對於該地方之保護權，及其他種種之要求，似係復活民國四年所提出而爲世界所不直之二十一條件。甚或變本加厲，勢將剝奪中國在滿蒙之主權，俾實際上隸屬於日本版圖之內，而後已。貴國政府方面此種政策，如果確實，必至引起中國人民之公憤。近頃東三省人民所表示之運動，曾經張作霖暫時壓抑，然足見有危及中國土地主權之舉動，固在在可以引起極大之憤恨也。貴國及其他友邦屢於國際公文內正式擔任尊重中國之主權獨立，及領土與行政之完全，卽關於開放門戶主義及其附帶發生之各國在華商工業均等機會之原則，亦曾屢經確認之。貴國政府所提新要求，誠如傳述所云，必將此國際擔任之精神根本破壞，在此種情況之下，國民政府對於目下所傳布之消息，不得不向日本帝國政府表示關切之深重，並詢問究竟有無根據。現在中國二十二省中國民政府之旗已遍懸於十六省，若與名爲占有六省而實際不及六省之軍閥訂立條約，中國國民決難承認，此爲顯而易見者。日本帝國政府對於滿蒙之新政策，恐將釀成一「阿爾薩士羅倫」問題於遠東，早晚且將危及世界之和平。國民政府職責所在，不得不代表中國全國一致之民意，對於傳述中貴國政府之一切企圖，提出强毅之抗議；並將其結果嚴重警告貴國政府及人民。若爲顧全兩國諒解及邦交起見，貴國政府能確實聲明此項傳說毫無根據，貴國政府絕無重提二十一條中任何部分之企圖，且對於尊重中國之主權獨立及領土與行政之完全的政策，仍無變更，是本部長之所欣願也。」

觀上所述，可知日本對華，得寸進尺，侵略無已。凡我國民，同負興亡之責，亟宜奮起，以圖自强焉。

緬甸紀略

緬甸紀略

一卷

〔清〕馮光熊 撰

稿本

魯岩總憲以中書入軍機外擢監司游至中
丞以總憲終其緬甸紀略乃隨將軍明瑞失
機之役潰圍出再奔以生還艱苦功勞有為
其為親筆小楷煙雲飛繡其之數行意文
達逸致至文章功到從[illegible]其編得人寶傳
[illegible]亥冬十二月四日[illegible][illegible]登[illegible]記于[illegible][illegible]寓

余少小多病失學稍長母氏早晚教以識字漸知讀書　父母亦不甚督責也初從　表伯儲在郊先生啓蒙數年畢四書五經繼受業桐鄉觀山　錢起宗表伯始課以先輩八股文與伯兄笙伴習舉子業余讀性頗穎敏而悟性窒滞作起講起股思路鈍質久不能屬文不得已猾令完篇忽爾文從字順錢師與先嚴異之疑為代倩嗣是屢課如是亦不自解其所以然也年

十四五始應童子試時力不能延師與伯兄在家肄業改從族叔浚鴻先生附學課文與同里李敬堂金采江王理齋諸公講習會文辛酉為涇縣趙棨崖師諱預縣試第一次年受知於吳門彭芝亭宗伯歲試入學甲子鄉闈為房考昌黎閻公諱公銑力薦因首藝疵句為主師批斥未售是科即映清叔發解聯捷之歲也秋放後閻師招至平湖縣署恳遇甚厚幫辦筆墨丁卯

再應鄉試主師為錫山王蓀菔諱會汾澤水周少湘諱溪兩師取中第二十七名公車北上戊辰下第回南庚午復入都禮闈屢黜舌畊餬口甲戌榜後考試中翰列名第三主試為大學士劉公諱綸冢宰清江楊公諱錫紱滿州少宗伯介公諱福少農新建裘公諱曰修補授內閣中書是冬大學士忠勇公傅挑入軍機辦事此予通籍之始基也余年已二十八歲嗣後珥筆

樞廷前後二十三載在農曹十七載南北扈從及任
官出差馳驅
王事東至蒙古翁牛特西南極緬甸足跡幾遍寰宇
往來所經程途已歷十八萬數千餘里而余冉
冉其已老矣鹿鹿勞薪不足紀述而余跡所閱
歷大半與戎務相終始今已七十九歲每欲追
述一二以紀歲月而遺忘不復記憶黔陽八載
自乾隆六十年銅仁苗亂繼以小竹山教匪逞

逆接踵南籠苗之役忽忽又歷數年因李福疇
表弟述天衢弟前年獲雋後有志重修支譜爰
於入
覲舟次聊為記憶以寄天衢纂入譜中俾舉族咸知
余服官後半生勞績所至尚無負
國辱先之事亦垂老之厚幸耳

乾隆三十二年

上以緬甸昏亂不恭屢擾邊境土司經滇督劉藻楊應琚先後誠諭不服特命將軍公明瑞討其罪發京城健鋭營兵並調雲貴四川漢土官兵共三萬餘人分兩路進勦將軍明公統師萬餘人出宛頂由木邦錫箔宋寨一路直取阿瓦城叅賛大臣額爾景額率兵萬人由老官一路進猛密約相會合阿瓦又令叅賛大臣珠魯納於中

路本邦留兵數千駐守以為聲援時予以軍機章京派同滿州郎中富顯由京隨往並道員諾穆親錢受穀同往辦事余隨將軍馳赴永昌籌辦軍需及總督諸務公至則簡軍實練士卒以九月二十四日出師會大雨三晝夜人馬立泥潦中飢冷糗糧盡湿至芒市易粮以行原議裹粮兩月以斗負粮每斗一隻抵一月粮拉錫箔江結浮橋濟師至蒲卡始遇賊前哨擒數人訊

知賊衆聚於蠻結立柵十六以待領兵大臣觀音保麾衆先據山之左臂賊爭不得上賊壁柵法甚堅密屹如城不可摧拔柵外又開深濠植鹿角竹簽銳其末外向人馬不能前我兵鎗炮不能施賊從柵隙叢鳥鎗擊我輒中十二月初二日將軍分兵三路攻柵親冒矢石士氣百倍有黠兵王連一呼先躍而入餘兵繼之賊慌亂不知所為多被殺戮遂破其柵乘勢復攻得其

三柵而十二柵之賊乘夜盡遁獲軍械牛馬粮食無算軍聲大振我兵遂由天生橋進發地為緬甸最險要處懸崖絶壁架木為梁賊聞大兵至盡撤其旁帮木無路可進乃另覓小道繞山過天生橋崎嶇山谷賊復暗埋火葯以阻我兵由大小黄草壩至宗寨農怕象孔距向丸城止二三站因粮盡馬缺而原約額參贊猛密來會之師久無音耗勢難孤軍深入探問猛美賊積

粮甚多且去猛家不遠計商因粮於敵舟圖相機進取十二月廿七日至猛弄夷民亦先竄積穀俱埋地窖刨掘甚多人馬皆得飽食軍心以安三十三年春取道大山時猛弄粮雖多牛馬俱盡無可馱運人各携數升焚燒其餘至蠻化賊撤回各處抵禦之衆聚而增多每日尾隨我師大小數十戰公謂諸將曰賊輕我甚矣若不決一死戰益將肆毒於我賊久識我號令每晨

吹三次波倫起營明早照常吹號而我兵盡伏於箐林待賊毋得一人留營令既下賊果謂我兵已行爭蟻附而追我兵萬衆突出施放鎗炮殸如雷賊惶遽不及戰輒反走自相蹴踏死者無慮二三千人我兵乘勢奮擊殺死者又二三千坡澗皆滿自此賊不敢追每夜在數里之外轟大炮數聲而已是時予力勸將軍密札木邦叅贊珠公以通殸息不謂木邦久失

上以公久絶軍報命額爾登額撤兵赴援不至公行
抵小猛育賊衆大集四面列木寨圍繞時師行
五月轉輾數千里兵力已疲且粮盡馬缺難與
决戰計惟潰圍而出乃令諸將達興阿本進忠
率軍士乘夜出圍身自拒賊相從者領隊大臣
觀音保札豐豐阿及巴圖魯侍衛數十人血戰
保後無不以一當百已而觀音保扎拉豐阿皆
陣亡公身被數傷力竭殉難時二月十日也上

一夜公令前隊先發并令隨營文員相繼而出余等隨營侍將軍不離左右即行陣打仗亦隨吾尓丹名大纛力辭不忍去公云我殿後遇賊必要打仗若汝等隨我反欲分心照料汝等甚不便莫若離我三十餘里候待不得已先行且行且待杳無消息未幾見戈什哈家人等來始知公已陣亡驚愕傷感無已余等隨將軍載餘見其處事明決自奉儉約廉俸外絲毫無所染清

椽絕俗弱不勝衣而臨陣驍勇過人時雖事機
不順諸將屢勸暫回永昌以圖再舉公慨然曰
國家付我如許文武軍士不能滅此朝食今受創
者累累一旦舍彼而去是棄師而逃何以對
皇上而見內地軍民耶決意保護全軍見危授命身
殉國事可勝痛哉彼時余已絕粮兩日夜家人
盡散失雖隨衆入宛頂已狼狽不堪矣今閱三
四十年追憶其事什忘其八九不免掛一漏萬云

黔楚苗變憶畧

乾隆六十年乙卯正月銅仁府沈丙等稟報松桃廳落塘汛地方有苗人石栁鄧因瘋舞械勾通伊湖南乾州廳本宗石三保倡亂該府即日馳抵該處查辦石栁鄧詭稱病瘋並無變亂等事該府誤信為寔該犯潛匿謀遁閱日據報石三保越境燒殺前來與石栁鄧合沈守即入城保守該犯等即聚衆攻圍擾及臭腦豹子塲正

大營到處焚掠處處響應已擾至距銅仁十餘里之夾岩山坡頭鄉郡城戒嚴余在省聞變星夜馳赴銅郡並知會雲貴督臣公福康安提督臣彭廷棟共圖勦禦之策旋即飛摺奏報並帶同署臬司張繼辛及委員耆壽辦戢亂粮餉先令鎮遠鎮珠隆阿帶兵星赴正大營一帶堵禦時有陞任山西藩司西成行抵大魚塘聞變由驛與珠隆阿貴東道尼堪富什渾馳入正大營

守城防禦賊見官軍策應逆氛稍退余與張臬司踵至銅郡督同調集營屯鄉勇於各要口相机堵禦並令藩司賀長庚籌調取備貯餉銀並令各府州縣碾運倉穀協濟軍需以候督臣福公到銅進剿之用嗣福公相自滇兼程前來共商剿辦福公至貴陽又添調將弁兵丁並帶同知〻州周緯孫文煥馮克輦等員隨辦剿務即由正大營進兵連勝克捷攻解嗅腦松桃之圍

分兵痛勦黔苗之事粗定遂進勦入楚以除石柳鄧石三保吳龍登等倡亂之賊余楷同兵勇清理後路各處餘孽而四十八溪石現漾頭塲等處俱以次又安乃福公相入楚以後所至克苗據險堅拒蘭草坪以下節節蹭蹬檄調雲貴川楚兩粵兵將久而愈多幾至十萬糧餉不貲除各府州縣碾運倉糧不敷又奏調楚南米十萬石以供協濟最難辦者乾州未靖合川楚黔

三省軍需無分畛域協運供應楚省夫馬粮餉仍從銅仁一路行走黔省獨當其重日須供運糧一千四百餘石每夫重價雇備至四錢一名加口粮一升日虞不敷其餘軍裝軍火餉鞘食物揹運之夫稱是稍一缺乏則十萬餘衆兵夫口粮即至鼓噪且時兵事未順動輒藉口於兵粮不繼孰能當此重罪此兩載軍需日夜竭蹷憂虞而余之心力瘁矣屢萬分艱危之際乃兩

大師相繼淪喪謂福公康安和公琳大星忽殞
微特淚洒雄襟抑且心胆俱碎事後追思此時
此境不知何以自處幸得平寧復有青谿小竹
山教匪之役小竹山思州府青谿縣屬稍里民
子世居耕讀地無苗人雜處久為安飽良民有
高姓者浪游四川染習邪教不知何年回籍傳
習居民點香禮佛藉以斂錢名根基錢兼習端
公端公者黔俗有病不知醫藥競為端公跳神

有高承勲高承義兄弟號稱老祖以符水惑人遠近多信之居常燒紙牢牲余在銅仁兩載鬻辦粮餉每與遊擊陳紹先言及伊昔年辦理勾補苗亂駐銅最久熟悉情形遠近苗民素所畏服一日稟稱有退伍老卒因買馬訪得小竹山一帶時有民人出入收買黃紙錢及牢猪猷神之事遂遣人到彼訪察頗著詭譎形迹可疑令其同鎮遠經歷王懋德查問該逆等見事已敗

露遂號召村民抗違不服該遊擊等囬稟復令具帶兵役五六十人往傳輙敢糾衆上山持械頑拒傷及陳遊擊王懋德等彼時正嚴拏大寧邪教竄首劉之協事難歇手遂督同丁憂奏留之藩司常明臬司張繼辛及中軍叅將海格迅往收捕提督花連布亦從乾州軍營赶到亟奏明知會雲貴督臣勒保甫回雲南勦捕威遠猓黑之事聞信同提督珠隆阿星馳前來同議勦

務隨據常明等將附近之堕河坡梅花村等各村寨先已收捕進偪小竹山賊巢而遊擊廖寅及花連布復先後陣亡及督臣勒保剳後賊衆俱逼上鐵廣坪之大鬼坐聚粮為持久計坐高險無路僅一面攀援而上賊人距險堅拒我兵四面布置設法圍攻絕其樵汲賊困守不支遂下坐忽竄我兵奮勇仰攻而登擒其酋首高承義等焚其巢穴餘衆下坐者悉數擒獲無一得

脫當將高姓等首從駢戮千餘人餘皆縛解銅仁分别正法解京遣發幸覺察及早就近勦捕賊不及辦未至蔓延已聞遣人赴四川欲通連大寧教祖因江口一帶堵拏緊急潛匿不去未兩月即已蔵事地方益無蹂躪誠為厚幸時乾州苗亂粗竣方慶平寧籌辦善後甫及歲又有南籠狆苗之變南籠地處黔之極西南與滇之羅平州粤西之西隆州聯界風俗刁健七十二

種苗人遍黔境惟狆家苗最悍而狆苗之在
南籠者爲最多時黔楚苗人倡亂兵事聿興連
歲未靖數次征調官兵營伍空虛而地方官又
辦差缺乏奸苗遂生異心冀圖乘机倡亂遂有
韋七綹鬚及苗女王囊仙起北鄉糾合衆苗焚
燒搶掠初尚不至殺戮迨後肆惡蔓延賊勢漸
熾所屬永豐黄草壩捧鮓普安州縣等處所在
響應冊亨鄰粵西極遥人民逃散其城遂失逆

苗遍散木刻已過會城至龍里貴定民情張皇洶洶余時尚在銅仁聞驚甚為掣肘遂留張臬司在銅仁星夜赶回省城亟為抽調官兵又緩不及濟急見被難民人絡繹於道五内如焚遂飛章入告時乾州軍事蕆成請將黔省各營撤回征兵分起赶回南籠余不得不身任其事奈賊衆兵單凡辦差各員一時猝難調集督臣勒保又調往楚南黄柏山帶兵勦賊祇余與珠提

督安龍鎮張玉龍及將弁十餘員時提督甫踰閩嶺至安南賊已搶佔閩嶺後路隔截倍難措手幸督臣勒保已奉

旨赶回南籠而楚營撤回之兵亦陸續到來遂將閩嶺奪回以便由此路進兵並清雲南大道以通普安州縣文報轉運之路而南郡各屬俱被賊苗阻隔不特安南縣以南直達南籠即所屬之黃草壩捧鮓永豐州等處俱道路梗阻聲息不

通即督臣勒保攻達閩嶺以南至安南縣以待
征兵合力進攻亦急難進察余將實在情形
奏明請在鎮寧安順一帶防堵後路籌辦糧餉前
此奏調楚米銅仁尚存二萬餘石斷不敷用幸
上游安順等處民糧尚可採買竭力供支自督
臣攻達南籠後轉運糧餉協濟夫馬力瘁神疲
幸無缺悞然已艱難萬狀矣維時黄草垻一路
有滇撫江公帶員協助南籠以南並有粵西督

撫亦各防堵協勦各圍城雖困守半載幸皆保全冊亨亦即收復八月勦督攻克當文洞泗擒獲首逆七綹鬍囊仙等解京余亦督率鎮將兵勇及文員程卓樑等廓清後路會合前後夾攻遂解通永豐州之困

朝廷嘉其固守卒全其城奉

旨改南籠為興義府永豐州為貞豐州南籠之事以定嗣是勦督分兵赴川鄂督輝繼至比時尚有

竄聚馬乃坐樓下河拒險自固鄂公即馳赴軍營搜剿以靖餘孽藩司常明恐曠日持久賊勢復張遂間道帶兵馳往雪夜出其不意痛行勦殄以待鄂公統大軍繼之逆党盡除是役也當伏洞洒擣穴擒渠勤督之功為最馬乃坐樓下河之掃蕩餘氛常藩司之力俱多而往来轉餉不匱廓清後路令程卓樑等由播東播西另闢生道接應大軍夾攻解貞豐之圍余亦具有力

焉三年軍務心力畢瘁於此迄今追述之曷勝痛定思痛耳

敘事明簡淂體書法秀挺初學里人任萬斯後學裘文達供奉樞廷敏而淂體此時七十九歲雖卒不及朞耳柳道人識

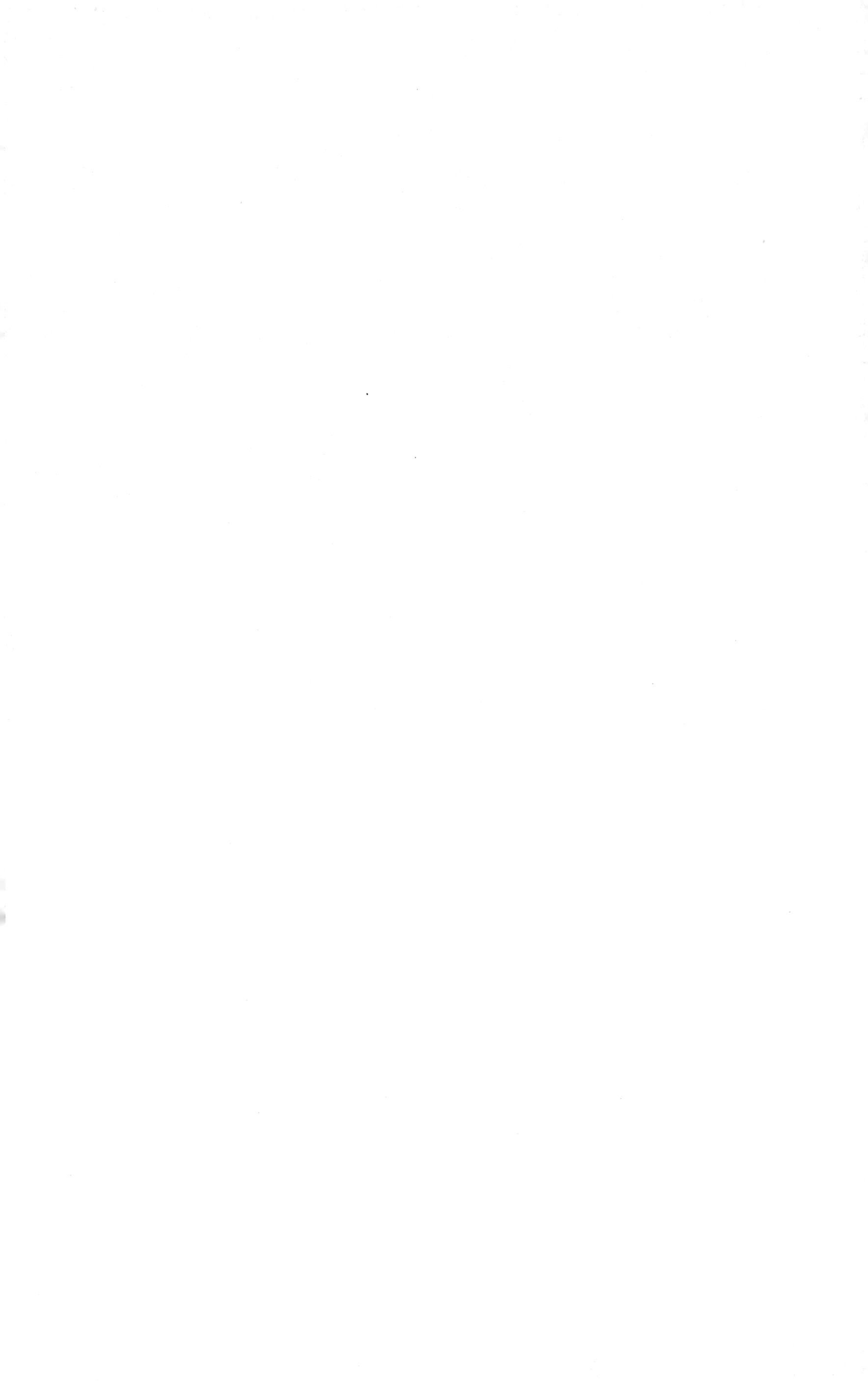